W0175940

Betsy Duffey · Laurie Myers
Die Liebe hört nie auf

Ein Bibelvers verändert
das Leben vieler Menschen

Über die Autorinnen

Laurie Myers und Betsy Duffey sind Schwestern, die gemeinsam schon mehrere Bücher geschrieben haben. In Deutschland wurden sie mit „Das Lied des Hirten" bekannt.
www.writingsisters.com

BETSY DUFFEY   LAURIE MYERS

Die Liebe hört nie auf

ROMAN

Ein Bibelvers
verändert das Leben
von 14 Menschen

Aus dem Amerikanischen übersetzt von Eva Weyandt

Inhalt

Kapitel 1 – Die Liebe ist geduldig 9

Kapitel 2 – Die Liebe ist freundlich 25

Kapitel 3 – Die Liebe kennt keinen Neid 37

Kapitel 4 – Die Liebe ist nicht eingebildet 49

Kapitel 5 – Die Liebe sucht nicht den eigenen Vorteil 61

Kapitel 6 – Die Liebe verhält sich nicht ungehörig 73

Kapitel 7 – Die Liebe verliert nie die Beherrschung 85

Kapitel 8 – Die Liebe ist nicht nachtragend 97

Kapitel 9 – Die Liebe freut sich, wenn die Wahrheit siegt 111

Kapitel 10 – Die Liebe nimmt alles auf sich 125

Kapitel 11 – Die Liebe verliert nie den Glauben 139

Kapitel 12 – Die Liebe verliert nie die Hoffnung 153

Kapitel 13 – Die Liebe hält durch bis zum Ende 167

Kapitel 14 – Die Liebe wird nie vergehen 181

Epilog – Der Empfang 191

Gott ist Liebe.
(1.Johannes 4,16)

Liebe ist geduldig,
Liebe ist freundlich.
Sie kennt keinen Neid,
sie spielt sich nicht auf,
sie ist nicht eingebildet.
Sie verhält sich nicht taktlos,
sie sucht nicht den eigenen Vorteil,
sie verliert nie die Beherrschung,
sie trägt keinem etwas nach.
Sie freut sich nicht am Unrecht,
sondern freut sich, wenn die Wahrheit siegt.
Liebe nimmt alles auf sich,
sie verliert nie den Glauben oder die Hoffnung
und hält durch bis zum Ende.
Die Liebe hört nie auf.
(nach 1. Korinther 13,4-8, NgÜ/ Hfa)

Kapitel 1

Die Liebe ist geduldig

Hemd in der Hose. Blume im Knopfloch. Fliege gerade gezupft. Douglas tupfte sich den Schweiß von der Stirn und atmete tief durch. In einer Stunde würde er verheiratet sein. In einer Stunde würde Julia seine Frau sein. Die schöne Julia. Die einzigartige Julia. Die wundervolle Julia – seine Ehefrau. Es war kaum zu glauben.

„Hey, Mann." Sein Freund und Trauzeuge Frank hob die Hand, um ihn abzuklatschen. „Alles okay bei dir?"

Douglas nickte. Er fühlte sich wie in einem Traum: Da war er in seinem schwarzen Smoking und dem gestärkten weißen Hemd. Die glänzend polierten Schuhe lugten unter der schwarzen Hose hervor. Frank, ebenfalls prächtig herausgeputzt, war an seiner Seite, treuer Freund, der er war. War das alles wirklich wahr?

Auf der anderen Seite der Tür, hinter der er wartete, hörte er die ersten Töne der Orgel, die zur Unterhaltung der Gäste spielte, um die Wartezeit bis zu dem großen Ereignis zu verkürzen. Die Kirche bot den passenden Rahmen – ein stabiles altes Steingebäude. Schon als Kind hatte er hier die Gottesdienste besucht. In dem liebevoll gepflegten Kirchgarten hatte er früher gespielt und sich manchmal auch versteckt, wenn er keine Lust hatte, zur Sonntagsschule zu gehen.

Douglas und Frank saßen im Arbeitszimmer des Pastors. Pastor Higgins wartete mit seinem Vater vor der Tür. Sie würden ihm Bescheid geben, wenn es an der Zeit war und die Trauung beginnen konnte.

Frank grinste. „Noch ist es nicht zu spät abzuhauen." Er deutete augenzwinkernd zur Tür.

Frank und Douglas kannten sich schon ewig. Sie waren sich im College begegnet und hatten viel miteinander erlebt. Niemand kannte ihn besser als Frank. Niemand konnte ihn besser zum Lachen bringen als sein Freund.

Douglas schüttelte den Kopf, und ein Lächeln vertrieb die Anspannung. „Niemals", erwiderte er. Er wollte Julia heiraten – und zwar mehr als alles andere auf der Welt.

Die Musik tat seinen Nerven gut. Beim nächsten Lied würden sie gemeinsam das Arbeitszimmer verlassen. Pastor Higgins würde Douglas, seinen Vater und Frank in die Kirche führen.

Entschlossen versuchte er, sich zu beruhigen. Warum nur war er so nervös? Seine Gedanken wanderten zu Julia. Julia und er waren wie füreinander gemacht. Kennengelernt hatten sie sich beim Statistikkurs im College. An einem Tag, als der Professor ihnen etwas über Wahrscheinlichkeitsrechnung beizubringen versuchte, hatte Douglas hinter ihr gesessen. Er hatte auf einen Zettel geschrieben: „Wie hoch ist die Wahrscheinlichkeit, dass du mit mir ausgehst?" Diesen Zettel hatte er Julia zugeschoben.

Sie hatte ihn aufgefaltet. Da er hinter ihr saß, hatte er ihr Gesicht nicht sehen können. Eindringlich hatte er auf ihren Hinterkopf gestarrt. Sie schien keinen einzigen Muskel zu bewegen, falls das überhaupt möglich war. Die Wahrscheinlichkeit, dass ein Mensch keinen einzigen Muskel bewegte, lag bei 0 %.

Plötzlich kam er sich blöd vor. War das vielleicht eine plumpe, peinliche Anmache gewesen? Ungeduldig wartete er auf ihre Reaktion. Geduld war nicht seine Stärke, und schon diese kurze

Wartezeit stellte eine echte Herausforderung für ihn dar. Endlich nahm Julia ihren Stift zur Hand und begann zu schreiben. Douglas hielt den Atem an. Julia war schnell fertig. Vielleicht hatte sie nur „Nein" geschrieben ...? Aber auch ein Ja war schnell hingekritzelt.

Douglas verdrehte die Augen. Er verhielt sich wie ein Grundschüler.

Sie warf den Zettel über die Schulter zu ihm zurück. Er landete auf seinem Pult. Seine Hände wurden feucht, als er ihn auffaltete. Er rechnete fest damit, dass ihm entweder ein „Ja" oder ein „Nein" entgegenblickte, aber es war keins von beidem. Da stand „100 %". Die Wahrscheinlichkeit, dass sie mit ihm ausgehen würde, betrug 100 %! Das war also ein Ja.

Er steckte den Zettel mit zitternden Fingern in seine Tasche und konnte für den Rest des Seminars an nichts anderes mehr denken.

Nach dem Unterricht wartete er im Flur auf sie. „Und?", fragte er, als sie durch die Tür kam.

„Was, und?" Ihre Augen blitzten. Wenn sie lächelte, zeigten sich in beiden Wangen Grübchen, und gerade in diesem Augenblick lächelte sie. Sie lächelte ihn strahlend an.

„Und, gehst du mit mir aus?", platzte er heraus.

„Ja."

„Jetzt gleich?"

„Jetzt?"

Das war unklug gewesen. Warum konnte er nicht einfach den Coolen spielen und sagen, er würde sie anrufen, oder irgendetwas anderes, das seine Ungeduld nicht so offensichtlich machte?

Sie schwieg. Aber er hatte sich bereits zu weit vorgewagt, um jetzt noch einen Rückzieher zu machen. „Auf einen Kaffee?", fragte er vorsichtig.

„Gern."

Sie hatte sich bei ihm untergehakt, und gemeinsam waren sie zur Cafeteria und auf den Rest ihres Lebens zugeschlendert.

Von da an waren sie unzertrennlich gewesen.

Was beunruhigte ihn denn jetzt nur so?

Sein Gespräch mit Julia am Vorabend fiel ihm wieder ein. Das Probeessen war in einem Rausch von Geschmack und Gelächter und Gesprächen vergangen. Die Unterhaltung, die ihn beunruhigte, hatte vorher stattgefunden. Sie hatten sich in der Kirche getroffen, um die Trauzeremonie durchzugehen, und als sie nebeneinander vor dem Altar standen, gab es einen Augenblick, in dem sich Julias Augen mit Tränen füllten.

Was bedeuteten die Tränen? Douglas befand sich in absoluter Hochstimmung. Vielleicht waren es ja Freudentränen gewesen, aber tief in seinem Innern wusste er, dass es nicht so war.

Und als sie später die Stufen zu ihrem Elternhaus hochgingen, hatte sie ihm zugeflüstert: „Ich weiß nicht, ob ich das schaffe."

„Was meinst du?"

„Ich weiß nicht, ob ich gut genug für dich bin. Obwohl alle so nett zu mir sind und nur Gutes über mich sagen."

„Aber all das ist doch wahr, Julia." Er hatte ihr tief in die Augen geblickt. „Du bist wunderschön, du bist großartig, und ich könnte mir niemand Besseren als meine Ehefrau erträumen."

Ihr niedergeschlagener Blick bei seinen Worten war ihm nicht entgangen. „Ich bin so unsicher", erwiderte sie.

„Ich liebe dich, Julia."

„Das weiß ich, aber …"

Als er jetzt im Arbeitszimmer des Pastors stand, merkte er, wie nervös ihn ihre Unsicherheit gemacht hatte. Sie hatte Zweifel.

Was, wenn sie kalte Füße bekam und gar nicht zur Trauung erschien?

Julia stand mit ihren Brautjungfern vor dem Spiegel. Das Kleid mit seinem lockeren und doch eleganten Schnitt war wie für sie gemacht. Ganz besonders gefielen ihr die in geraden Reihen aufgenähten Perlen. Festlich, aber nicht kitschig. Auch an den Blumen und dem Schleier war nichts auszusetzen. Sie hatte alles ausgesucht. Warum nur war da in ihr dieser Zweifel, diese nagende Unsicherheit? Dabei war sie in einem ganz sicher: Sie liebte Douglas.

Beim Probeessen am Vorabend hatte Douglas' Mutter Dias von ihrer Familie gezeigt, die sie zusammengestellt hatte. Auf den Fotos war eine Bilderbuchfamilie zu sehen. Douglas' Mutter strahlte in die Kamera, sein Vater war immer in der Nähe. Lustige Schnappschüsse von Douglas in Kostümen zu Halloween und in den unterschiedlichsten Sporttrikots. Immer zusammen mit seinen Eltern.

Die Fotos aus Julias Leben sahen ganz anders aus. Auf den meisten war sie allein. Die Schnappschüsse von Schul- und Sportveranstaltungen hatte ihre Haushälterin aufgenommen. Ihr Vater, der General, war nie dabei gewesen. Und ihre Mutter kannte sie gar nicht. Fotos von Julia und ihrem Vater zeigten sie immer auf Flughäfen bei einer langen Reihe von Abschieden und Begrüßungen. USA, Deutschland, Afghanistan. Ihr Leben war ganz anders verlaufen als das von Douglas. War sie überhaupt in der Lage, eine so tiefgehende Beziehung zu führen, eine Ehe zu leben, eine Familie zu gründen? Eine Bilderbuchfamilie wie die von Douglas? Er brauchte eine Frau, die so freundlich und beständig war wie er. Und Julia war einfach nicht gut genug für ihn.

Die Hochzeitsplanerin mahnte zum Aufbruch und führte die Mitwirkenden hinaus ins Vestibül. Zuerst Douglas' kleine Nichte, deren überbesorgte Mutter nicht von ihrer Seite wich. Das Kind marschierte mit seinem Körbchen voller Rosenblätter los. Dann folgte der kleine Timmy, der Sohn ihrer Kusine, der das Ringkissen trug. Auch er setzte sich in Bewegung.

Lindy drückte ihre Hand. Julia und sie waren schon so lange

befreundet. Gemeinsam hatten sie viele Hochzeiten erlebt, und ...
Eine Welle der Übelkeit stieg in Julia hoch. Jetzt würde sie gleich an der Reihe sein. Die Hochzeitsplanerin würde kommen und sie aus dem Raum führen. Ihr Vater würde an ihre Seite treten und sie durch den Mittelgang der Kirche zu Douglas geleiten. Und dann ... dann würde es so weit sein.

Musik drang aus dem Kirchenschiff zu ihr herüber, und sie umklammerte ihren Brautstrauß so fest, dass die Blumenstiele sicher schon zerquetscht wurden.

Sollte sie es tun? Natürlich! Wie könnte sie es nicht tun?!

Douglas war so liebevoll und beständig. Und sie nicht.

Sollte sie? Oder sollte sie nicht?

Konnte sie überhaupt noch einen Rückzieher machen?

Mit zitternden Fingern hob sie das Programmheft. Die Worte, die sie gemeinsam so sorgfältig ausgesucht hatten, schienen sie nun zu verspotten.

Dies war der Tag, von dem sie seit ihrer Kindheit geträumt hatte. Doch nun, da dieser Tag angebrochen war, quälten sie so unendlich viele Zweifel und Fragen. Wenn ihre Mutter nicht gestorben oder ihr Vater häufiger zu Hause gewesen wäre, hätte sie vielleicht eher gelernt, anderen Menschen zu vertrauen. Aber alle, die sie geliebt hatte, hatten sie verlassen, und irgendwie wartete sie nur darauf, dass Douglas auch fortging.

Sie liebte ihn zu sehr.

Wenn sie ehrlich war, beneidete sie Douglas glühend darum, dass er so viel Sicherheit ausstrahlte. Er war sich seines Wertes und seiner Überzeugungen so gewiss. Seine Familie war wunderbar, und sie hatten auch Julia liebevoll in ihrer Mitte aufgenommen.

Ja, nach außen gab Julia sich ziemlich gelassen und selbstbewusst. Das hatte sie lernen müssen. Vierundzwanzig Mal waren sie umgezogen, bedingt durch den Beruf ihres Vaters. Sie warf ihm das nicht vor. So war es nun mal, wenn man in der Armee war. Aber die ständigen Umzüge waren nicht spurlos an ihr vorübergegangen. Jedes Mal waren die zarten Wurzeln, die sie am letzten Ort geschlagen hatte, wieder ausgerissen worden. Jedes Jahr eine neue Schule. Jedes Jahr neue Klassenkameraden, die sie misstrauisch beäugten. Am Ende machte es sie tatsächlich irgendwie stark. Aber in ihrem Inneren blieb eine große Leere.

Und hier, auf der Schwelle zu einem neuen Leben jenseits aller Einsamkeit, holte ihre Vergangenheit sie wieder ein.

Douglas war so gut und stark. Er hatte etwas Besseres verdient. Wie konnte sie ihn heiraten? Es wäre besser für ihn, wenn sie es nicht täte. Das musste sie ihm sagen. Doch dann stellte sie sich vor, wie er in der Kirche auf sie wartete, und sie wusste, dass sie es nicht übers Herz bringen könnte, wenn sie ihm in die Augen sah.

Sie musste hier weg. Ihr blieb keine andere Wahl.

Tränen brannten in ihren Augen. Ihr selbstsicheres Spiegelbild passte nicht zu dem ängstlichen Mädchen, das sie in Wahrheit war.

Die Zweifel siegten. Als die letzte Brautjungfer den Raum verlassen hatte, schloss sie die Tür. Panik stieg in ihr hoch. Sie konnte es einfach nicht …

Julia stürzte zur Hintertür in den Garten und rannte los.

„Es ist so weit." Pastor Higgins öffnete die breite Holztür zum Altarraum und setzte sich in Bewegung. Lächelnd richtete Douglas seine Fliege. Er war sowas von bereit. Endlich, endlich war es so weit.

Pastor Higgins zwinkerte ihm zu. Sein Vater schüttelte ihm die Hand und umarmte ihn fest. Frank klopfte ihm ermutigend auf die Schulter.

Es konnte losgehen.

Douglas atmete tief durch. Langsam schritt er zu der Stelle, die die Hochzeitsplanerin mit einem kleinen Stück Klebeband markiert hatte. Wie angewiesen stellte er sich auf das Klebeband.

Die Musik brandete auf. Der Kragen wurde ihm eng. Dies war der Augenblick, auf den er so lange gewartet hatte.

Verschwommen nahm er die Gesichter der in der Kirche versammelten Hochzeitsgäste wahr: Seine Tanten und Onkel, Cousinen und Cousins, Freunde und Nachbarn. Alles nur strahlende Gesichter.

Douglas' Blick wanderte durch den Mittelgang. Von der Stelle, an der er stand, bis zum hinteren Teil der Kirche war ein roter Teppich ausgerollt worden. Julia hatte auf keinen Fall gewollt, dass er sie vor der Trauung sah. In diesem Punkt war sie unnachgiebig gewesen. Andere Paare verabredeten sich vor der Trauung mit dem Fotografen, um die Hochzeitsfotos zu machen, aber sie nicht.

In dieser Hinsicht war Julia altmodisch.

„Das kommt gar nicht in Frage", hatte sie gesagt, als die Hochzeitsplanerin diesen Vorschlag machte. „Wenn ich durch den Mittelgang der Kirche auf dich zukomme, sollst du mich das erste Mal sehen. So habe ich mir das immer vorgestellt."

„Dann werden wir es auch so machen", hatte er entschieden.

Da. Das Blumenmädchen setzte sich in Bewegung und trippelte mit kleinen Schritten über den roten Teppich. Ein allgemeines Raunen ging durch das Kirchenschiff. Die Mutter der Kleinen hockte vorn und winkte sie weiter.

Es war so weit. Die Hochzeit hatte begonnen.

Der kleine Junge mit dem Ringkissen aus Satin folgte. Er sah etwas ängstlich aus, bis er seine Eltern entdeckte, die ebenfalls vorn auf ihn warteten.

Die Trauzeugen schritten zu zweit nebeneinander durch die Kirche zum Altar.

Douglas' Blick wanderte in den hinteren Teil der Kirche. Jetzt würde Julia bald hereinkommen. Nicht wahr?

Was, wenn sie nicht da ist?
Woher kam denn das? Dieser Gedanke war total abwegig. Natürlich würde sie da sein. Sie würde am Arm ihres Vaters, des Generals, über den roten Teppich schreiten. Zumindest hoffte er das … Erneut ergriff diese Unsicherheit von ihm Besitz.

Entschlossen blendete er den absurden Gedanken aus. Natürlich würde sie zur Trauung erscheinen. Warum zweifelte er überhaupt daran?

Vor Julia hatte er keine richtige Beziehung gehabt. Er hatte zu den Strebern gehört, die ihre Nase ständig in ihre Bücher steckten oder vor dem PC hingen. Doch dann war Julia in sein Leben getreten und hatte eine Tür zu tausend Möglichkeiten aufgestoßen. Von seiner Veranlagung her war er eher zurückhaltend, aber Julia war anders, offener und unternehmungslustiger. Doch auf eine Art, die ihn sanft mitnahm, ohne ihn zu überfordern. Sie ergänzten sich, fühlten sich wohl miteinander. Es war, als wären sie immer zusammen gewesen und gehörten einfach zusammen.

Die Brautjungfern nahmen hinten in der Kirche Aufstellung. Gleich würden sie nach vorn kommen und sich auf ihre Plätze begeben.

Die Musik brach ab. Doch das überraschte Douglas nicht; es war so geplant. Nach einer kurzen Pause würde die Musik wieder einsetzen, und die Brautjungfern würden sich in Bewegung setzen.

Doch die Pause zog sich hin.
Länger und länger.
Zu lange.
Douglas merkte, wie sein Herz schneller schlug. Seine Nervosität stieg. Seine größte Angst, die er sich nicht mal bewusst eingestanden hatte, wurde Wirklichkeit: Irgendetwas stimmte nicht.

Julia eilte mit angehobenem Rock die Treppe hinter der Kirche hinunter. Ihre Handflächen waren feucht. Ihr Herz hämmerte in ihrer Brust. Sie kannte das Gefühl: Eine massive Panikattacke stand kurz bevor. Wie gehetzt stürmte sie in den Garten, den sie immer geliebt hatte. Und weiter zu der kleinen alten Kapelle, die vor langer Zeit zu Gunsten der neuen Kirche aufgegeben worden war.

Sie brauchte bestimmt nur ein paar Minuten, um sich zu sammeln. War es wirklich richtig? Konnte, sollte sie Douglas heiraten? Sie musste nachdenken. Sie brauchte Zeit! Auch wenn sie sie eigentlich nicht hatte. Es musste einfach sein.

Sie betrat die alte Kapelle. Drinnen war es dunkel und kühl und roch nach Zedern und Kiefern. Der Geruch war tröstlich und beruhigend. Sie ließ sich auf einer der alten Bänke nieder und lauschte. Bestimmt würde man schon bald nach ihr suchen. Nein, so würde sie keinen klaren Gedanken fassen können.

Schnell stand sie auf und ging zu der kleinen Kammer hinter dem Altar hinüber. Sie brauchte einen ungestörten Augenblick, um ihrer Verwirrung Herr zu werden. Hastig zog sie die Tür hinter sich zu. Mit einem Klicken fiel sie ins Schloss. Julia lehnte sich mit dem Rücken an die Wand und atmete tief durch. Ja, das war gut. Ihr Herzschlag beruhigte sich, und Gelassenheit breitete sich in ihr aus.

Krieg dich mal wieder ein! Du verhältst dich dumm und reagierst total über, sagte sie sich im Stillen. Noch einmal tief durchatmen, dann stieß sie sich von der Wand ab. Es war Zeit. Sie würde jetzt zurückgehen. Noch war es nicht zu spät.

Sie streckte ihre Hand aus, um die Tür zu öffnen. Aber ... der Türknauf drehte sich zwar, doch nichts geschah. Sie versuchte es erneut und spürte, wie es vor Schreck in ihrem Nacken prickelte und ihre Knie weich wurden. Die Tür ließ sich nicht mehr öffnen. Ihre Hände glitten über das raue Holz der Tür und sie sah sich hektisch um – vielleicht gab es einen anderen Weg, um die Tür zu öffnen oder den Raum zu verlassen. Diese alten Gemäuer hatten doch immer mehrere Zugänge ...

Doch es gab nur diese eine Tür, und an dieser Tür gab es nichts als den sich nutzlos drehenden Türknauf. Jetzt stieg kalte Angst in ihr auf. Sie stemmte sich gegen die Tür, rüttelte am Knauf, drehte ihn hierhin und dorthin und spürte nach, ob sich vielleicht irgendetwas bewegte, irgendein innerer Mechanismus einrastete. Doch nichts.

Sie probierte es nochmal mit ganz sanftem Druck. Es rührte sich nichts. Dann wieder fester. Immer noch nichts. Die Enge in ihrer Brust wuchs sich zu einer richtiggehenden Panikattacke aus, während sie mit beiden Fäusten gegen die Tür hämmerte.

„Hilfe!!! Ich bin hier drin! Douglas!!!"

Doch nichts geschah. Niemand kam.

Das durfte doch nicht wahr sein! Wie hatte es bloß zu dieser Situation kommen können?

„Hilfe", rief sie noch einmal in die Leere hinein. Die dröhnende Stille um sie herum sprach für sich. Es war niemand da, der sie hören konnte.

Was nun?

Hier in der Dunkelheit des fensterlosen Kämmerchens konnte sie nur eines tun – hoffen und beten.

Douglas seufzte zittrig. Seine schlimmsten Befürchtungen trafen anscheinend ein. Er starrte hinunter auf seine blitzblank polierten Schuhe.

Was war nur geschehen? Was ging in Julia vor? Sie hatte doch nicht ernsthaft kalte Füße bekommen? Nein, sicher hatte sich nur irgendetwas an ihrem Kleid oder ihrem Schleier verhakt oder ihre Schuhe hatten einen Fleck, der noch schnell entfernt werden musste, oder etwas in der Art ... nicht wahr?

Aber was, wenn ...

Julia und er waren sehr unterschiedlich, das stimmte. Er hatte sein ganzes Leben lang an einem Ort gelebt – in dieser kleinen Stadt, wo er jeden kannte und jeder ihn kannte. Julia war mit ihrem Vater ständig von Ort zu Ort gezogen.

„Ich bin ein Armeekind", hatte sie ihm einmal erzählt, als er sie gefragt hatte, woher sie käme. „Ich komme von nirgends oder von überall." Und dabei hatte sie gelacht, aber sie hatte nicht wirklich darüber reden wollen.

Vielleicht war das der Grund für seine Zweifel.

Hab Geduld, sagte er sich. *Nur keine Panik.*

Am liebsten wäre er hinausgerannt und hätte nachgesehen, was los war. Aber das ging natürlich nicht, und außerdem würde Julia bestimmt gleich hereinkommen und alles würde seinen planmäßigen Gang gehen.

Geduld. Von Natur aus hatte er nicht viel davon, aber Gott hatte ihn in den letzten Jahren Geduld gelehrt. Er würde sich nicht von diesem Fleck rühren, bis Julia zu ihm kam. Sie zwingen oder überreden, wenn sie tatsächlich plötzlich Zweifel bekommen hätte, konnte er sowieso nicht. Sie sollte aus freien Stücken zu ihm kommen.

„Habt Geduld miteinander", hatte Pastor Higgins bei dem Trauegespräch gesagt, als sie sich über die Bibelstelle aus dem ersten Korintherbrief, Kapitel 13, unterhalten hatten. Diese berühmten Verse über das Wesen der Liebe hatten ihnen so gut gefallen, dass sie sie als Trauspruch ausgewählt und auf dem Programmheft abgedruckt hatten.

Die Liebe ist geduldig.

Diese Worte ließen Douglas nicht mehr los. Von Natur aus war er ein äußerst ungeduldiger Mensch. Durch diese Ungeduld hatte er vieles bekommen, was er wollte. Weil er es nicht abwarten konnte, in den Beruf einzusteigen und sich eine Zukunft aufzubauen, hatte er das College ein Jahr früher abgeschlossen als alle anderen. Als die Beförderungen und Gehaltserhöhungen in seiner Firma zu lange auf sich warten ließen, hatte er die Stelle gewechselt, und das gleich zweimal. Jedes Mal hatte er ein höheres Gehalt und eine bessere Position ausgehandelt. Ja, er wartete nicht gern.

Die Liebe ist geduldig.

Die Hochzeitsplanerin trat in den Gang. Sie zuckte die Achseln und ließ ihre Hand über dem Kopf kreisen, um den Organisten aufzufordern, weiterzuspielen. Die Musik setzte erneut ein, aber es war nicht die Einzugsmusik für die Brautjungfern. Sie standen immer noch im Vestibül und wurden langsam nervös.

Irgendetwas stimmte nicht.

Doch dieses Mal hatte er keine andere Wahl: Er musste warten. Diese Situation konnte er nicht verbessern, kontrollieren oder manipulieren. Er konnte nichts erzwingen. Dieses Mal musste er auf die Liebe warten.

In der kleinen Kammer war es dunkel, auch wenn ihre Augen sich langsam auf das Dämmerlicht einstellten und sie zumindest Konturen wahrnehmen konnte. Julia zwang sich, ruhig zu atmen und sich zu sammeln. *Denk nach!* Dies war der glücklichste Tag ihres Lebens, und sie saß hier fest. Und das Schlimmste war: niemand wusste, wo sie steckte. Was würden die anderen denken? Würden sie annehmen, sie hätte kalte Füße bekommen? Oh nein, der arme Douglas! Sie erinnerte sich an ihr Gespräch mit ihm am Abend zuvor. Da hatte sie tatsächlich Zweifel gehabt.

Erneut stemmte sie sich gegen die geschlossene Tür. Sie musste hier raus. „*Hilfe!!!*", rief sie und trommelte gegen die Tür. „So helft mir doch!"

Nichts. Sie war viel zu weit von der Kirche entfernt, und die massive Bauweise der Kapelle tat ein Übriges. Niemand konnte sie hören.

Wie unglaublich dumm das alles von ihr gewesen war! Sie dachte an ihren Vater, der in der Kirche auf sie wartete. An ihre

Freunde. An Douglas, vor allem dachte sie an Douglas. Könnte er ihr jemals vergeben? Hatte sie gerade das Beste zerstört, das sie je erlebt hatte?

Douglas vermied es, in das Meer von Gesichtern zu schauen, die ihn beobachteten. Seine Mutter hielt den Kopf gesenkt, vermutlich, weil es ihr ähnlich ging. Das Gesicht seines Vaters war gerötet. Er hatte für Enttäuschungen nichts übrig.

Am liebsten wäre Douglas davongelaufen und dieser peinlichen Situation entflohen. Er steckte den Finger in seinen Hemdkragen und zog daran, während er innerlich nach einer Fluchtmöglichkeit suchte.

Aber Julia ... Was war mit Julia?

Vielleicht hatte Gott einen besseren Weg.

Er dachte daran, wieviel Geduld Gott mit ihm gehabt hatte. In seinem Bestreben, immer der Erste zu sein, hatte er kaum Muße gehabt, sich mit höheren Dingen zu beschäftigen. Weil er unbedingt Erfolg haben wollte, hatte er auch an Sonntagen gelernt, wenn seine Freunde in den Gottesdienst gegangen waren.

Es hatte Jahre gedauert, bis er zu Gott zurückgekommen war. Es war nach seiner letzten Beförderung geschehen. Anfangs war er total euphorisch gewesen: Er hatte es geschafft. Er hatte alle Verkaufsrekorde für das Jahr gebrochen. An jenem Nachmittag hatte er an seinem Schreibtisch gesessen, und ganz langsam war das gute Gefühl abgeflaut, und er hatte gedacht: „Na und?"

Was hatte er nun davon? Verblüfft hatte er die Leere registriert, die er nun empfand, wo er alles erreicht hatte, wofür er so hart gearbeitet hatte. Alle in seinem Umfeld beneideten ihn um seinen Erfolg, aber innere Zufriedenheit stellte sich nicht ein. Als er an jenem Tag allein an seinem Schreibtisch gesessen hatte, kam er zu dem Schluss: *Das kann nicht alles sein.* Er erinnerte sich an den

Glauben seiner Kindheit und daran, welche Freude er empfunden hatte, weil er wusste, dass Gott ihn liebte.

Traurigkeit erfüllte ihn. „Es tut mir leid, Gott", betete er. „Ich habe ganz vergessen, was wichtig ist. Ich habe dich vergessen."

Und langsam spürte er in sich einen tiefen Frieden und Liebe aufblühen. Er hatte Gott wiedergefunden, als er überhaupt nicht damit gerechnet hatte. Und auf einmal wurde ihm klar, dass Gott die ganze Zeit auf ihn gewartet hatte.

Gott hatte Douglas nicht dazu gezwungen, ihn zu lieben. Und ebenso konnte Douglas Julia nicht zwingen, ihn zu lieben. Gott hatte gewartet. Und Douglas würde ebenfalls warten.

Still für sich sprach Douglas ein Gebet. Er dachte an die Verse auf dem Programmheft. „Herr, bitte hilf mir dabei, mich in Geduld zu üben."

Was, wenn das nicht funktionierte?

„Ich gebe diese ganze Situation an dich ab."

Er öffnete die Augen, fest entschlossen zu warten. Ohne seine Braut würde er sich nicht vom Fleck rühren. Egal, wie lange es dauerte, er würde geduldig ausharren.

Er schob noch ein weiteres Gebet nach. „Was auch immer passiert, Herr, lass deine Liebe den Sieg davontragen. Lass Julia deine Liebe spüren. Lass die Menschen, die hier vor mir sitzen, deine Liebe spüren. Mich auch. Lass mich deine Liebe spüren."

Ohne Scham blickte er sich in der Kirche um und wartete weiter.

Die Liebe ist geduldig.
Gott ist geduldig, und ich werde auch geduldig sein.

Kapitel 2

Die Liebe ist freundlich

Frank stand sehr aufrecht neben seinem Freund Douglas. Die Schultern gestrafft, die Hände vor dem Körper gefaltet, wie die Hochzeitsplanerin ihn angewiesen hatte. Der Kragen des Smokinghemds schnürte seinen Hals ein. Julia hatte entschieden, dass die Männer einen Smoking tragen sollten. Frank hasste Smokings. Sie erinnerten ihn an seinen Vater, und die Erinnerung an seinen Vater war nicht willkommen.

Aber nun ließ sich die Flut der Erinnerungen nicht mehr eindämmen. Die Erinnerungen an seinen Vater ..., den *Großen Marvelo*.

„Simsalabim", sagte der Große Marvelo immer am Anfang, und die Zaubershow begann, irgendwo in einer Bar oder auf dem Bürgersteig. Eine Handvoll Zuschauer scharten sich dann um ihn, die gern glauben wollten, dass die Zauberei Wirklichkeit war. Doch natürlich waren es nur Lügen – Illusionen. Die Show basierte auf Lügen, ebenso wie das ganze Leben des kleinen Frank.

Sein Vater trug immer seinen schwarzen Umhang und den hohen schwarzen Zylinder, einen schwarzen Frack mit weiten Ärmeln, in denen er seine Requisiten versteckte, und weiße Handschuhe, um die Augen des Publikums abzulenken, wenn er die Taube aus seinem Ärmel holte oder die Münze in seine Tasche gleiten ließ, um sie verschwinden zu lassen. Der Große Marvelo ...

Wie oft hatte Frank auf einer Bühne gestanden und genauso wie jetzt ins Publikum geblickt? Natürlich hatte niemand gewusst, dass er Teil der Show war.

„Gibt es einen Freiwilligen im Publikum?", rief der Große Marvelo der bewundernden Zuschauermenge zu.

Frank hatte sich dann immer voller Eifer gemeldet, doch sein Vater hatte anfangs so getan, als würde er ihn übersehen.

„Du, junger Mann!", hatte er dann schließlich gesagt.

Und Frank hatte all seine schauspielerischen Fähigkeiten aufgewandt und überrascht getan.

Er hasste seinen Vater. Er hasste seine Gemeinheit und die Tatsache, dass er seine Kindheit zur Hölle gemacht hatte.

Als Frank jetzt hier in dieser Kirche stand, kam die Erinnerung an jene Zeit zurück. Entschlossen bemühte er sich, diese Gedanken zurückzudrängen und sich auf die Hochzeit und auf Douglas zu konzentrieren. Doch die erwartungsvollen Blicke der Anwesenden hatten alles wieder lebendig werden lassen. Viele Jahre waren seither vergangen, und die meiste Zeit hatte er das Gefühl, er hätte dies alles hinter sich gelassen. Aber jetzt war es, als wäre es gestern gewesen.

Die ganze Show war darauf abgestimmt gewesen, das Publikum mit einzubeziehen. Es begann mit einem Zauberstab und einem Blumenstrauß. Die Zuschauer fanden das allerdings noch nicht besonders spektakulär. Jeder konnte einen Zauberstab in einen Blumenstrauß verwandeln.

Frank kannte das Skript auswendig.

„Schauen Sie genau hin", forderte der Große Marvelo sein Publikum auf. Die Blumen hielt er in seiner ausgestreckten Hand. Während sich die Zuschauer auf die Blumen konzentrierten, holte er die Taube hervor. Und dann ...

„Simsalabim!"

Die Blumen verschwanden, und eine weiße Taube saß auf seiner Hand, die wild mit den Flügeln schlug und alle Blicke auf sich zog. Das war der Augenblick, ab dem der Große Marvelo das Publikum in seiner weiß behandschuhten Hand hatte.

Jahrelang hatte Frank nicht mehr an seinen Vater gedacht. Er hatte ihn einfach aus seinen Gedanken weggedrängt ... bis er heute Morgen die Zeitung aufgeschlagen hatte und die Anzeige sah:

Der Große Marvelo
Zaubershow in Freddies Attic

Frank hatte nicht gewusst, dass sein Vater immer noch auftrat. Doch offensichtlich war es so, und jetzt gastierte er mit seiner „Zaubershow" in dieser Stadt.

In der Anzeige war zu lesen, dass der Große Marvelo „Dinge verschwinden und erscheinen lassen könnte". Tja. So war er. Unberechenbar. Seine Stimmungen bauten sich auf wie eine gefährliche Schneelawine, die immer mehr an Fahrt aufnahm und auf ihrem Weg ins Tal unendliche Zerstörung anrichtete.

Frank würde definitiv nicht hingehen und sich die Show ansehen.

Trotzdem hatte er die Anzeige aus der Zeitung ausgeschnitten und aufbewahrt. Sie steckte sogar jetzt gerade in seiner Smokingtasche. In Gedanken sah er sie vor sich: Das Foto seines Vaters hatte ihn kalt erwischt. Er wusste noch genau, wann es aufgenommen worden war. Sein Vater hatte seinen schwarzen Anzug angezogen und seinen Umhang umgelegt. Seine Mutter hatte die Kamera gehalten. Er gab ihr Anweisungen, bis alles genau so war, wie er es wünschte, und dann – Simsalabim – war das Foto im Kasten.

Allein die Vorstellung, seinem Vater zu begegnen, bereitete Frank Übelkeit. Es waren die Lügen, die er nicht ertragen konnte.

Aber das war natürlich Teil der Zauberei. Ein guter Zauberer war immer auch ein guter Lügner. Jede Illusion basierte auf einer Lüge.

„Sehen Sie her", forderte sein Vater das Publikum auf und lenkte es damit von dem eigentlichen Geschehen ab. „Und jetzt hierher." Er zog die Aufmerksamkeit des Publikums auf seine Hände, damit niemand mitbekam, was tatsächlich passierte. Als Kind hatte Frank nie so richtig gewusst, was wahr war. Sein Vater probierte seine neuesten Illusionen immer an Frank aus, ohne ihm den Trick dahinter zu erklären. Für ein Kind war das sehr verwirrend.

Verwirrung empfand er auch in Bezug auf diese Kirche und die Gläubigen. War ihr Glaube real? Entsprach er der Wahrheit oder war er nur eine Illusion? Im vergangenen Jahr hatte Frank Douglas öfters in die Kirche begleitet. Bei den Gottesdiensten hatte er die Sehnsucht in sich gespürt, es möge alles wahr sein, was er in den Predigten hörte und in den Liedern besang. Die größten Schwierigkeiten hatte er mit dem Bild von Gott als Vater. Ein Vater, das war für Frank keine positive Gestalt, der man vertraute und die man vorbehaltlos liebte. War Gott so wie sein Vater? Ein Illusionist, der einen täuschte und enttäuschte? War alles nur eine Show?

In der Bibel war er auf eine Geschichte gestoßen, in der Jesus bei einer Hochzeit Wasser in Wein verwandelte, und er hatte gedacht: *Wie hat er das gemacht? Was ist wirklich geschehen? Wie hat er sie ausgetrickst?* Und dann diese Begebenheit, als Jesus Tausende Menschen mit ein paar Broten und Fischen satt machte. War er ein Meister der Illusion?

Andererseits empfand er in den Gottesdiensten ein Gefühl, das er in der Nähe seines Vaters nie erlebt hatte: Trost. Jesus strahlte eine Güte, eine Freundlichkeit aus, die ihm gänzlich unbekannt waren.

Manchmal kam er nach der Arbeit her und setzte sich ganz allein in die Kirche. Er wünschte aus tiefstem Herzen, die ganze Sache mit dem Glauben möge wahr sein, doch seine Zweifel ließen ihm keine Ruhe. Wenn er herausfinden würde, dass alles nur eine Illusion war ... es wäre nicht zu ertragen gewesen.

Die Buntglasfenster in der Kirche waren atemberaubend. Vorne im Bild waren Josef und Maria mit zarten Heiligenscheinen über ihren Köpfen, in leuchtenden Farben, die das durch das Fenster einfallende Licht reflektierten. Auf dem Fenster an der Längsseite der Kirche waren Männer in einem Boot zu sehen, die in einen Sturm geraten waren und mit aller Kraft ums Überleben kämpften. Das Sonnenlicht ließ das Blau des Wassers leuchten. Da war eine Gestalt zu sehen, die über das Wasser lief. Natürlich musste das ein Trick sein. Von klein auf hatte Frank gelernt, Tricks rational zu hinterfragen. Nichts vermeintlich Übernatürliches geschah tatsächlich; es gab immer eine banale Erklärung für die Täuschung – eine optische Illusion, ein Ablenkungsmanöver, eine geschickte Handbewegung.

Die Arme des Mannes im Fensterbild waren ausgebreitet. Die dunklen Wolken des drohenden Sturms hingen schwer über der Szene. Frank überlegte, wie die Geschichte wohl weitergegangen war. Der Mann auf dem Wasser machte einen freundlichen Eindruck. Er schien den anderen irgendetwas anzubieten. Eine Einladung.

Frank hätte gern bei den Männern im Boot gesessen. Er wäre gern Teil einer solchen Gruppe gewesen. Aber konnte er dem Mann mit den ausgebreiteten Armen trauen? Konnte er Gott trauen?

Wenn er etwas Gutes erlebte, dann rechnete er eigentlich immer damit, dass es sich als Scherz herausstellte. Er erwartete grundsätzlich Spott und Zurückweisung.

Als Douglas ihn bat, sein Trauzeuge zu sein, hatte er ihn überrascht angestarrt. „Ich?", hatte er fassungslos gefragt.

„Natürlich! Wen sonst sollte ich fragen?"

„Bist du sicher?"

Douglas hatte ihn freundschaftlich gegen den Arm geboxt und gelacht. Er hatte nicht bemerkt, wie sehr Frank die Frage aus dem Gleichgewicht gebracht hatte. Wie unsicher er war.

Franks Blick wanderte zu Douglas' Mutter in der ersten Reihe. Sie sah zum wiederholten Mal auf die Uhr und wandte sich anschließend zum Eingang um, durch den die Braut hereinkommen sollte. Sie wirkte nervös.

Frank hatte den Eindruck, dass nicht alles nach Plan lief. Zuerst hatte der Organist aufgehört zu spielen, dann wieder eingesetzt, und jetzt schaute auch er ständig zum Vestibül hinunter. Frank hatte noch nicht viele Gottesdienste in einer Kirche besucht und noch nie eine Hochzeit miterlebt. Er war nicht ganz sicher, ob das alles so sein sollte.

Die Großeltern des Paares hatten mittlerweile ihre Plätze eingenommen, auch die Eltern des Bräutigams. Das Blumenmädchen und der kleine Junge, der das Ringkissen trug, waren schon längst vorne angekommen und standen etwas unschlüssig herum. Als Nächstes wären die Brautjungfern an der Reihe, durch den Gang nach vorn zu gehen, und sie standen auch schon bereit. Frank konnte sie sehen. Alle waren da, und trotzdem ging es nicht weiter.

Frank warf einen Blick auf seine Uhr. 17:03 Uhr. Er war ziemlich sicher, dass die Trauung um 17:00 Uhr beginnen sollte, und es waren ja auch alle anwesend. Das musste also stimmen. Aber wer fehlte, war die Braut. Vielleicht hatte es seine Richtigkeit, dass sich die Braut etwas verspätete. Ein bisschen wie das „akademische Viertel". Ja, so musste es sein.

Erneut sah er auf seine Uhr. 17:05 Uhr. Ja, die Trauung verzögerte sich definitiv. Wo steckte Julia?

Das Programm der Trauung kam ihm in den Sinn. Kurz bevor sie die Kirche betreten hatten, hatte er sich das Heft noch einmal angeschaut. Der Programmablauf hatte fremdartig geklungen: Einmarsch, Predigt, Schriftlesung.

Auf der ersten Seite des Programmhefts hatten auch einige Bibelverse gestanden: *Die Liebe ist geduldig. Die Liebe ist freundlich.*

Das war etwas, das in Franks Welt immer gefehlt hatte. Freundlichkeit. Von seinem Vater hatte er nicht viel Freundlichkeit erlebt.

Franks Blick wanderte über die Kirchenmauern. Es waren Steinmauern, stark und widerstandsfähig, wie die eines Schlosses oder einer Festung. Sollten sie etwas draußen oder drinnen halten? Sein Vater war sehr stark gewesen. Es lag an ihm, dass Frank eine Mauer um sein Herz gebaut hatte. Ebenso massiv wie diese Kirchenmauern um ihn herum. Niemand konnte, niemand durfte sie durchbrechen. Die Mauer sollte ihn vor Verletzungen schützen.

Die Liebe ist freundlich. Wenn die Welt freundlich wäre, hätte Frank seine Mauer nicht gebraucht.

Frank sah die Requisiten im Arbeitszimmer seines Vaters vor sich: die Zylinder, die schwarzen Schachteln, die Ringe in unterschiedlichen Größen, die gezinkten Kartenspiele, die Schachteln ohne Böden und unzählige Tücher. Wenn sein Vater unterwegs war, hatte er sich in den Zauberraum geschlichen und die Requisiten genau untersucht. Der einzige Zweck all dieser Dinge war Ablenkung. Täuschung. Wie hatte Frank sich nach etwas Realem gesehnt!

Seine Mutter assistierte seinem Vater bei den Zaubershows. Doch irgendwann konnte auch sie es nicht mehr ertragen. Eines Tages war sie einfach fort.

„Ich habe deine Mutter verschwinden lassen", hatte sein Vater ihm mit seinem verzerrten Bühnengrinsen mitgeteilt. „Für immer!"

Er hatte gelacht, als wäre das ein großer Scherz, ein neuer Gag aus seiner Show. Aber Frank hatte das Gefühl gehabt, dass ihm etwas weggenommen worden war, das er nie zurückbekommen würde und auf das er nicht verzichten konnte. Seine Mutter war nicht perfekt gewesen, aber sie hatte ihn geliebt, und er hatte sich darauf verlassen können, dass das, was sie sagte, der Wahrheit entsprach, während er sich da bei seinem Vater nie sicher sein konnte. Alles war bei ihm ein Scherz.

Wenn er seinen Vater um Geld für das Mittagessen bat, antwortete der Große Marvelo: „Ich führe Zaubertricks vor, aber Wunder kann ich nicht vollbringen."

Dann faltete er eine Dollarnote zusammen und legte sie unter einen der drei Messingbecher auf seiner Kommode. „Wenn du errätst, unter welchem Becher sie liegt, kannst du sie behalten", versprach sein Vater.

Dann schob er die Becher herum, und Frankie versuchte den richtigen im Blick zu behalten.

„Unter dem da", sagte Frank schließlich, wenn sein Vater die Becher stehen ließ, und deutete auf einen.

„Ha!" Sein Vater lachte, hob den leeren Becher hoch, und Frankie wusste, dass er wieder einmal kein Mittagessen bekommen würde.

In Franks Leben hatte es nichts als Unsicherheit gegeben. Vielleicht hatte er sich deshalb den Zahlen zugewandt. Zahlen waren berechenbar, und sie enttäuschten einen nie. $2 + 2 = 4$. Das war immer so. In der Lösung von Gleichungen lag eine gewisse Sicherheit. Es gab nur ein Richtig oder ein Falsch, und das konnte nicht in Zweifel gezogen werden. Das gefiel ihm, weil es so ganz anders war als das Lebensgefühl, mit dem er großgeworden war.

Hier in der Kirche zu stehen war ein wenig verunsichernd, obwohl es auch warm und tröstlich hier drin war. Die Musik hüllte ihn ein.
Die Worte auf dem Programmheft ließen ihn nicht los.
Die Liebe ist freundlich.
Was war Liebe? Schlagartig wurde ihm klar, dass er vermutlich nie wirkliche Liebe erlebt hatte. Eines Tages saßen sie im Aufenthaltsraum der Firma beim Mittagessen, als Douglas ihm anvertraute, dass er Julia liebte. Frank kannte und mochte Julia, und dass die beiden zusammen waren, hatte er natürlich gewusst. Doch bei diesen Worten hatte er einen Stich der Eifersucht empfunden. Nicht, weil er selbst etwas von Julia gewollt hätte, nein. Er war eifersüchtig, weil Douglas jemanden lieben konnte und er dazu vermutlich gar nicht in der Lage war.

Seit jener Zeit hatte er in sich eine neue Leere entdeckt. Oder vielleicht war sie schon die ganze Zeit dagewesen und er hatte sie erst jetzt bemerkt. Als er jetzt hier in der Kirche stand, wurde ihm bewusst, was ihm fehlte: Es war Freundlichkeit. So wenig Freundlichkeit hatte es in seinem Leben gegeben, dass er nie gewagt hatte zu lieben. So war es sicherer gewesen.

Als Kind und Jugendlicher hatte er nie so lange an einem Ort gelebt, dass er Freundschaften hätte schließen können. Sein Vater war aufbrausend und zornig, und wenn er einmal ein Engagement bei einer Show hatte, dauerte es nie lange, bis er rausflog.

„Auf zu größeren und besseren Dingen", sagte sein Vater dann und zog mit seiner Familie in die nächste Stadt. Doch Frank hatte den Eindruck, dass die Shows nicht „größer und besser" wurden, sondern kleiner und schäbiger.

Und dann war sein Vater eines Tages einfach verschwunden, genau wie seine Mutter. Sie wohnten damals in einem schäbigen Hotel an der Küste von Jersey. Sein Vater hatte an der Strandpromenade gearbeitet. Frank hatte seinen ersten Job in „Eddies Zauberladen" gehabt und verkaufte den Touristen kleine Zauberutensilien und Tricks.

Als er eines Tages ins Hotel zurückkehrte, traf er seinen Vater beim Packen an. „Pack deine Sachen zusammen", forderte er ihn auf. „Wir verschwinden hier."

Zum ersten Mal hatte sich Frank dem Wunsch seines Vaters widersetzt. Er war derjenige, der die Miete für das kleine Apartmenthotel bezahlte. Er mochte seine Highschool. Als er an jenem Nachmittag vor seinem Vater stand, kam ihm plötzlich die Erkenntnis, dass er allein besser dran wäre.

„Ich bleibe hier."

Sein Vater hatte ausgeholt, um ihm eine Ohrfeige zu geben, doch dieses Mal war Frank schneller gewesen. Er hatte sich unter der Hand weggeduckt und das Zimmer verlassen.

Seitdem hatte er seinen Vater nicht mehr gesehen. Und jetzt hatte er diese unselige Zeitung aufgeschlagen und die Anzeige entdeckt.

Das ist unwichtig, redete er sich ein. Auf keinen Fall würde er hingehen. Er wollte seinen Vater nicht sehen. Die Show sollte am heutigen Abend stattfinden. Nach der Trauung könnte er sie sich ansehen und rechtzeitig zur Feier wieder zurück sein. *Nein,* sagte er sich. Das würde er nicht tun.

Sein Blick wanderte zurück zu den Buntglasfenstern. War dies ein Ort, an dem Freundlichkeit wohnte?

Sein Arbeitskollege Chris gehörte zu einer kleinen Kirche am anderen Ende der Stadt, schon sein ganzes Leben lang. Eddie vom Zauberladen war Mitglied in einer neu gegründeten Gemeinde gewesen, die sich in einer Schule traf. Diese Menschen waren freundlich. Frank wäre auch gern freundlich gewesen, aber er empfand sich selbst als bitter und zornig, in erster Linie auf seinen Vater.

Sein Blick blieb an Josef, Maria und Jesus hängen. Er kannte die Gestalten nur von Weihnachtskarten. Josef war etwas größer als Maria und blickte liebevoll über ihre Schulter hinweg auf das Baby. Ein liebender Vater. Wie schön. Wie es wohl wäre, einen solchen Vater zu haben?

Aber andererseits: Wer brauchte schon einen Vater?

War Frank nicht auch ohne Vater wunderbar zurechtgekommen, eigentlich sogar wirklich besser als mit ihm? Hatte er nicht eine Ausbildung gemacht und einen Job ergattert? Einen guten Job noch dazu? Und das alles ohne die Hilfe eines Vaters. Väter wurden überschätzt.

Und doch drängte sich, während sein Blick an Josef hing, immer wieder das Bild seines eigenen Vaters in seine Gedanken. Gab es vielleicht auch Väter, die gut und freundlich waren? Möglich war es. Genaugenommen kannte er sogar einige. Wenn man solch einen Vater vor Augen hatte, war der Gedanke vielleicht doch nicht so schlecht, Gott als Vater zu sehen.

Frank konzentrierte sich auf das andere Bild, das mit dem Boot im Sturm. Was wäre, wenn er einfach in das Boot stiege? Was, wenn er es versuchte?

Er betete stumm: *Gott, hilf mir, in das Boot zu steigen. Hilf mir zu glauben.*

Während sein Blick über die Hochzeitsgäste in der Kirche wanderte, spürte er, wie sich etwas in ihm veränderte. Es war wie bei einem Zaubertrick – der Augenblick, in dem das Publikum in die andere Richtung sah und es geschah: Der Ball wurde ausgetauscht, die Karte verschwand unter dem Ärmel. Eine Falltür öffnete sich, und die Person, die vertrauensvoll in die Kiste gestiegen war, verschwand bis zum großen Finale.

Doch in Frank hatte sich etwas verändert, und das war real,

kein Trick. Es war keine Lüge, wie sein Vater sie ihm aufgetischt hätte. Es war die Wahrheit, und es war wichtig.

Alles fügte sich zusammen.

Es gab freundliche Menschen. Gott war freundlich. Frank konnte es auch werden.

In diesem Augenblick traf Frank eine Entscheidung. Er würde die Zaubershow nicht besuchen. Er würde den Großen Marvelo nicht treffen. Es war an der Zeit, in eine neue Richtung weiterzugehen. Er wollte weitergehen in ein Leben, in dem es mehr Freundlichkeit gab, ein Leben, das der Mann, der von dem leuchtenden Buntglasfenster auf ihn herabblickte, ihm versprochen hatte.

„Simsalabim", flüsterte er. Alles hatte sich verändert.

Kapitel 3

Die Liebe kennt keinen Neid

Gold war nicht ihre Farbe. Der Rotton von Lindys Haaren harmonierte einfach nicht mit dem Gold des Kleides. Es ließ sie blass und müde aussehen.

Das war das Problem, wenn man Brautjungfer bei einer Hochzeit war. Die Braut wählte die Farben aus, aber natürlich nicht danach, welche Farbe den Brautjungfern am besten stand.

Allerdings hatte es auch schon schlimmere Farben gegeben. Lindys Freundin Lizzy hatte beispielsweise Orange für die Brautjungfern gewählt. Die Kleider waren mit Puffärmeln ausgestattet gewesen wie in einem alten Film oder im Kindergarten. Und zu allem Übel hatten die Brautjungfern auch noch kleine orange Hüte mit kleinen orangen Schleiern tragen müssen. Allein beim Gedanken daran lief Lindy noch nachträglich ein Schauer über den Rücken.

Das war das Jahr mit Roscoe gewesen und das Jahr, in dem sie ihr Examen am College gemacht hatte. Sie war wieder nach Hause zurückgekommen und hatte sich einen Job gesucht. Doch ihr Elternhaus war anders geworden. Ihre Mutter hatte Lindys Kinderzimmer in ein Nähzimmer verwandelt, darum war sie gezwungen gewesen, in den ausgebauten Raum über der Garage zu ziehen. Schon früh am Morgen erwachte sie vom Rattern der Nähmaschine ihrer Mutter, die Änderungsarbeiten für andere Leute machte.

So wie die Kleidung, die ihre Mutter änderte, weil sie nicht mehr passte, passte Lindy nicht mehr hierher. Sie war zu alt, um noch bei ihren Eltern zu leben, aber nicht in der Lage, mit dem bisschen Geld, das sie als Kellnerin verdiente, ihren Lebensunterhalt zu bestreiten. Schlimmer noch war das ständige Drängen ihrer Eltern: „Wann suchst du dir einen vernünftigen Job? Wann wirst du endlich heiraten?"

Der einzige Job, den sie finden konnte, war der als Kellnerin im *Brickery*, einem Hamburgerrestaurant in der Stadt. Ihre Malutensilien lagen in einem Karton verstaut unter ihrem Bett. Seit sie vom College nach Hause gekommen war, hatte sie sie nicht mehr angerührt.

„Im Supermarkt trifft man die nettesten Männer", erklärte ihre Mutter ihr, wenn sie sie mit einer Einkaufsliste losschickte.

Doch bei Lindy war das anders. Sie lernte keine Männer kennen. Und schon gar keine netten.

„Den nettesten Männern kannst du in der Kirche begegnen", riet ihre Tante.

„Ja", fügte ihr Vater hinzu. „Du musst im richtigen Teich angeln."

Jeden Abend, wenn sie aus dem Restaurant nach Hause kam, stank sie nach dem Frittierfett der Pommes. Ihre Füße brannten, ihr Rücken schmerzte, und sie fragte sich, wann ihr Leben denn nun endlich beginnen würde. Was sollte sie bloß mit ihrem Kunststudium anfangen? Sie saß fest.

Als sie in diesem scheußlichen orangen Kleid mit dem kleinen orangen Hut vor der Kirche gestanden hatte, hatte es ihr gereicht. Das war der letzte Tropfen gewesen, der das Fass zum Überlaufen gebracht hatte. Sie wartete ungeduldig darauf, dass sie anfangen konnte, ihr Leben zu gestalten, und dass sie nun mitansehen musste, wie ihre Freunde in ihren Berufen und Beziehungen weiterkamen, fiel ihr unglaublich schwer.

„Willst du bei mir einziehen?", hatte Roscoe irgendwann ganz nebenbei vorgeschlagen. Keine Versprechungen oder Liebesbeteuerungen. Sie gingen erst seit einem Monat miteinander aus.

„Okay", erwiderte sie.

Zu der Zeit schienen ihr die Alternativen jedenfalls nicht verlockender. Und deshalb zog sie zu Roscoe. Sie hatte sich so sehr gewünscht, dass die Beziehung gelingen würde. Als sie in dem orangen Kleid Lizzys Hochzeit miterlebte, hatte sie ihre Freundin darum beneidet, dass sie das Eheversprechen ablegen konnte, ihren Mann zu lieben und zu ehren, in guten wie in schlechten Tagen, in Krankheit und Gesundheit, bis dass der Tod sie scheidet.

Lindys Beziehung zu Roscoe gestaltete sich ganz anders. Es hatte keine Hochzeit und keine Versprechen gegeben, kein „Ja" oder ein „Ich liebe dich". Sechs Monate hatte es gedauert, bis ihr klar wurde, dass er sich jeden Abend nach der Arbeit mit einem anderen Mädchen traf.

Das war das Jahr von Orange und Roscoe gewesen – zweimal eine schlechte Wahl.

Jetzt, sechs Jahre später, stand sie wieder einmal im Vestibül einer Kirche und wartete darauf, zusammen mit den anderen Brautjungfern durch die Kirche zu schreiten. Diesmal in Gold.

Der ganze Tag war wie in einem Nebel an ihr vorbeigezogen. Wieder einmal hatte sie Vorbereitungen für eine Hochzeit getroffen, aber richtig freuen konnte sie sich nicht. Deswegen hatte sie leichte Schuldgefühle. Denn eigentlich war Julia sehr nett, und sie gönnte ihr wirklich ihr Glück. Aber mit jeder Hochzeit wuchs Lindys Unzufriedenheit.

„Wo steckt sie denn?", fragte die Hochzeitsplanerin aufgebracht an niemand Bestimmten gerichtet, als sie auf dem Weg ins Foyer an Lindy vorbeistürmte.

Lindy schreckte aus ihren Gedanken hoch. Wo steckte wer? Fehlte eine der Brautjungfern? Das wäre ungewöhnlich, doch irgendwie wirkte die Hochzeitsplanerin zu aufgeregt, als dass es nur das sein konnte. Irgendetwas Wichtigeres schien vorgefallen zu sein.

Auf einmal fiel ihr auf, dass sich die Musik wiederholte. Der Organist improvisierte und schien etwas zu überbrücken. Sie erkannte, wenn jemand Zeit schinden wollte. Das war hier eindeutig der Fall.

Lindy beobachtete, wie die Hochzeitsplanerin nervös um die Ecke spähte. Nach wem suchte sie?

Ach so: die Braut!

Lindy blickte sich um. Julia war nicht da. Sie schaute auf ihre Uhr. 17:07 Uhr. Julia kam niemals zu spät. Was war denn nur geschehen?

Alle waren an ihrem Platz. Die Großeltern saßen in der Kirche. Die Eltern des Bräutigams hatten ihre Plätze eingenommen. Die Hochzeitsplanerin starrte in den Flur, als erwarte sie den Besuch des Präsidenten. Schließlich hob sie ergeben die Hände und eilte zu den Brautjungfern zurück.

„Eine von Ihnen muss doch wissen, wo sie steckt."

Alle schüttelten nur hilflos die Köpfe. Die Hochzeitsplanerin wandte sich an Lindy und fuhr sie barsch an: „Gehen Sie los und suchen Sie sie!"

Noch bei keiner der Hochzeiten, bei denen sie Brautjungfer gewesen war – und das waren nicht wenige –, hatte sie bisher eine vermisste Braut suchen müssen.

Lindy eilte den Gang entlang zum Brautzimmer. Kleider, Mäntel, Kleiderbügel, Make-up-Koffer, Haarbürsten und Föhns lagen überall in dem Raum verstreut. Von Julia keine Spur.

„Julia?", rief sie. „Ich bin's, Lindy."

Stille.

Wo steckte sie nur?

Lindy blieb einen Augenblick in dem Zimmer stehen und

dachte nach. *Wo würde ich mich verstecken, wenn ich nicht heiraten wollte?* Allein der Gedanke war so abwegig. Endlich zu heiraten wäre ihr größter Wunsch. Wieso lief jemand bei seiner eigenen Hochzeit davon? Das war für sie nicht nachvollziehbar.

Wenn ich Angst vor der Trauung hätte, dachte Lindy, *wohin würde ich verschwinden? Und wie?* Sie verließ den Raum durch die Hintertür und ging zum Parkplatz der Kirche.

Julias blauer Honda war da. Er stand noch an derselben Stelle, an der sie ihn vorhin abgestellt hatte. Folglich musste sie noch irgendwo hier im Gebäude sein. Zu Fuß oder mit dem Bus würde sie wohl kaum die Szene verlassen haben.

Lindy sah auf den Toiletten nach, in den nicht abgeschlossenen Büros, schließlich im Festsaal.

Der Caterer war gerade damit beschäftigt, die Früchte auf dem Tisch zu einer Pyramide aufzutürmen. Er warf ihr einen verständnislosen Blick zu.

„Die Trauung ist doch noch nicht vorbei, oder? Die Chickennuggets sind noch im Ofen."

„Nein, nein", erwiderte Lindy.

„Gut. Ich wollte gerade sagen, dass dies die mit Abstand kürzeste Trauung war, die ich je erlebt habe." Er ließ ein Lachen hören, das äußerst erleichtert klang, und fuhr fort, die Erdbeeren zu arrangieren.

Lindy fragte: „Sie haben nicht zufällig die Braut gesehen, oder? Sie ist diejenige in dem langen weißen Kleid."

„Nein", erwiderte der Caterer mit einem Stirnrunzeln. Er hatte Lindys Versuch, witzig zu sein, nicht als solchen erkannt.

Lindy eilte zurück, um der Hochzeitsplanerin die schlechte Nachricht zu überbringen.

„Was soll das heißen, Sie konnten sie nicht finden?" Die Hochzeitsplanerin schien Lindy persönlich für das Fehlen der Braut verantwortlich zu machen. „Und Sie haben wirklich überall nachgesehen?"

„Ja."

Die Hochzeitsplanerin starrte Lindy an, als hätte sie in ihrer Verantwortung als Brautjungfer vollkommen versagt.

„So groß ist die Kirche ja nicht", bemerkte Lindy.

Die anderen Braujungfern tuschelten miteinander, aber keine hatte eine Idee, wo Julia stecken oder was wohl der Grund für ihr Verschwinden sein könnte.

„Ich habe auch auf dem Parkplatz nachgesehen. Ihr Auto steht noch da."

„Na, das ist doch eine gute Nachricht. Sie muss also noch hier irgendwo sein. Dann werde ich mich wohl selbst auf die Suche machen müssen."

Lindy blickte der davonstürmenden Hochzeitsplanerin nach. Während sie wartend im Vestibül stand, nahm sie geistesabwesend ein Programmheft für die Trauung vom Stapel. Auf der Vorderseite war der Ablauf der Trauung abgedruckt, dahinter der Trauspruch aus dem ersten Korintherbrief, Kapitel 13. *Die Liebe ist geduldig. Die Liebe ist freundlich. Die Liebe kennt keinen Neid.*

Moment mal. *Die Liebe kennt keinen Neid.* Auf einmal war die anstehende Krise nicht mehr wichtig. Lindy fühlte sich getroffen von dem, was da stand. Ja, sie, Lindy McIntyre, war erfüllt von Neid, und das schon eine ganze Weile.

Die Liebe kennt keinen Neid.

Wie erstarrt stand sie da, als die Erkenntnis Gestalt in ihr annahm: Sie empfand Neid auf alle ihre Freundinnen, die heirateten. So einfach war das. Warum hatte sie das bisher nicht erkannt?

Neid. Sie war erbsengrün vor Neid. Das erklärte auch ihre tiefe Traurigkeit bei diesen Hochzeiten; es war die Traurigkeit darüber, dass sie immer nur die Brautjungfer war.

Beim ersten Mal war es noch aufregend gewesen.

„Stuart und ich heiraten!" Sie hatte sich aufrichtig mit ihrer

Freundin gefreut. Zuerst war die Ankündigung gekommen. Dann wurde das Datum festgelegt, der Veranstaltungsort ausgewählt. Anschließend die Kleider ausgesucht, und sogar das dunkle Moosgrün des Brautjungfernkleides war irgendwie in Ordnung für Lindy gewesen. Dann kam die Hochzeit. Und sie hatte den Tag wirklich genossen.

Wann sie aufgehört hatte, sich für ihre Freundinnen zu freuen, konnte sie nicht mehr genau sagen. Die Jahre zogen ins Land, und die Realität verspottete ihre eigenen Pläne und ihre Träume vom großen Glück. Und so sehr sie gerade Julia auch zugetan war, nagte doch der Neid an ihr, als sie sie vorhin in ihrem weißen Kleid gesehen hatte. Sie riss sich zusammen, atmete tief durch und versuchte, sich zum positiven Denken zu zwingen, doch das war ein aussichtsloses Unterfangen.

Die verschiedenen Hochzeiten, zu denen sie eingeladen worden war, schienen die Ereignislosigkeit ihres eigenen Lebens zu markieren. Die Bilder von hässlichen Brautjungfernkleidern blitzten in ihr auf. Die sonnenblumengelben Kleider mit den aufgestickten Gänseblümchen bei Evas Hochzeit ... Die Trauung hatte draußen auf einer großen Wiese stattgefunden, und Lindy war sich vorgekommen wie ein großer gelber Blumenstrauß. Das beige Wickelkleid, in dem alle Brautjungfern fatal an Würstchen erinnert hatten. Und dann das furchtbare Kleid, das sie insgeheim „Zuckerwatte-Explosion" genannt hatte.

Mit jeder Hochzeit war ihre Freude mehr dem Neid gewichen. Sie wünschte sich das, was ihre Freundinnen hatten. Sie wollte auch heiraten.

Schon als kleines Mädchen hatte sie immer gern „Familie" gespielt. So stellte sie sich ihr Leben vor – verheiratet und mit Kindern. Mit den Nachbarskindern spielte sie „Hochzeit" mit richtig inszenierten Trauungen. Ihr kleiner Bruder – der einzige Junge in der Gruppe –, war immer der Bräutigam. Am liebsten war sie selbst die Braut. In einem schönen Prinzessinnenkleid und mit einem Diadem im Haar trat sie vor den Altar. Ein

Kissenbezug aus Spitze hatte ihr als Brautschleier gedient. Bei der Erinnerung daran, wie schön es immer gewesen war, durch die imaginäre Kirche zu schreiten, trat ein Lächeln auf ihre Lippen. Wenn von den Nachbarskindern niemand zum Spielen da war, hatte sie notfalls sogar mit den Nachbarshaustieren vorliebgenommen. Einige der Hunde hatten wirklich hübsche Bräute abgegeben. Sie hatten auch mehr Geduld bewiesen als die Katzen.

Nichts hatte sie sich so sehnlich gewünscht wie zu heiraten und eine Familie zu haben. Seit ihrem Examen an der Universität, nein, eigentlich schon seit der Schulzeit lebte sie auf dieses Ziel hin. Es war eigentlich alles ganz klar und einfach: Sie würde heiraten, ein Haus kaufen, Kinder bekommen, Elternabende besuchen, alle wichtigen Ereignisse auf Familienfotos festhalten, mit ihrem Mann alt werden. So sah der Plan für ihr Leben aus, der sich schon früh in ihrem Innersten herausgebildet hatte. Der sich aber bisher noch nicht erfüllt hatte.

Und was wäre, wenn ... ?, dachte sie. Was, wenn dieser Neid sie um ihr Glück brachte? Sie musste sich eingestehen, dass sie schon seit einiger Zeit nicht mehr glücklich gewesen war. Der Neid fraß sie auf und ließ keinen Raum für Glück. Diese Erkenntnis traf ins Schwarze. Genau so war es.

Und warum war sie nicht verheiratet? Sie hatte schon viele Freunde gehabt. Nach Roscoe hatte sie nettere Jungs kennengelernt, aber mit jedem von ihnen gab es Probleme. Eigentlich hatte keiner der Typen, mit denen sie zusammen gewesen war, irgendeine Macke gehabt. Robert war zu redselig, James zu still. Harry hatte der Ehrgeiz gefehlt, John dagegen war zu ehrgeizig gewesen, ein Workaholic. Und der zweite Robert lachte zu laut. Bei jedem hatte sie ein Haar in der Suppe gefunden. Vielleicht war sie ja zu anspruchsvoll, vielleicht auch viel zu kritisch.

Nein, sie war nicht zu wählerisch, redete sie sich ein. Sie wünschte sich nur einen Mann, der freundlich und einfühlsam, intelligent und von einer gewissen geistlichen Reife war und ...

gab es überhaupt jemanden, der alle diese Eigenschaften besaß? Sie dachte einen Augenblick nach.

Ja, es gab ihn: Jesus!

Sie lachte, obwohl durchaus etwas Wahres dran war.

Die Trauzeugen standen immer noch brav vorne in der Kirche, den Anweisungen der Hochzeitsplanerin gehorchend. Sie warteten jetzt bestimmt schon seit zehn Minuten. Randy, der Trauzeuge, den sie am besten kannte, stand hinter den anderen. Ihre Blicke trafen sich, und sie lächelten sich an. Er zuckte die Schultern, als wollte er fragen, was denn los sei. Sie schüttelte den Kopf zum Zeichen, dass sie es auch nicht wusste. Seine Grübchen gefielen ihr.

Sie und Randy waren ganz gut befreundet. Er besuchte die Männergruppe der Kirche. Vor einigen Wochen hatte sie mit ihm zusammen für *Habitat for Humanity* an einem Haus gearbeitet. Ihr war aufgefallen, wie freundlich er sich den Kindern aus der Nachbarschaft gegenüber verhielt, die gekommen waren, um zu gucken und zu helfen. Mittags hatten sie sich ein Sandwich aus der Kühltasche geteilt und sich angeregt über das Haus und alles Mögliche unterhalten. Sie fand es schön, wenn er sie anlächelte. Er schien sie wirklich zu *sehen*.

Sie waren Freunde geworden – gute Freunde. Er war für sie da gewesen, als sie ihren Job verlor, und hatte ihr während der Suche nach einem neuen Mut gemacht. Er hatte sie auch darin bestärkt, wieder mit der Schmuckherstellung anzufangen, und ihr den Mut gegeben, ihre Arbeiten auf Do-it-yourself-Internetplattformen wie *Dawanda* anzubieten.

Vorhin waren sie sich im Flur begegnet, und er hatte sich mit schelmisch funkelnden Augen zu ihr vorgebeugt. „Schickes Kleid", hatte er geflüstert.

Sie hatte ihr Lachen unterdrückt. Er wusste, wie sehr sie diese Farbe hasste. Es war schön, einen Insiderwitz mit einem anderen Menschen zu teilen. Seine tiefbraunen Augen waren ihr erneut aufgefallen. Schön.

Die Hochzeitsplanerin eilte wieder herbei. „Also wirklich, das ist doch einfach lächerlich. Hat sie zu irgendjemandem hier etwas gesagt?"

Die Brautjungfern blickten sie erneut verständnislos an.

Schließlich bemerkte eine: „Julia ist immer so positiv. Ich kann mir nicht vorstellen, dass sie sich einfach aus dem Staub gemacht hat."

Lindy nickte. Es passte einfach nicht zu Julia.

Als sie gemeinsam das Brautkleid ausgesucht hatten, hatte Julia ihr erzählt, dass sie wegen der Armeezugehörigkeit ihres Vaters ständig umgezogen seien.

„Das muss schwierig für dich gewesen sein", hatte Lindy gesagt.

Aber Julia hielt dagegen: „Ich versuche, an die guten Dinge zu denken, die Gott mir geschenkt hat, und nicht an das, was ich nicht habe oder hatte. Damit geht es mir viel besser. Ich habe so tolle Reisen gemacht und wirklich viel von der Welt gesehen. Das hat mich meinem Vater sehr nahegebracht."

Dieser Gedanke beschäftigte Lindy seitdem öfter. Sich auf das Positive konzentrieren. Auf das Gute. Vielleicht klappte das ja auch bei ihr. Denn schließlich gab es auch in ihrem Leben Vieles, wofür sie dankbar sein konnte. Ihr Bruder und ihre Schwester waren immer für sie da und luden sie ständig zu sich nach Hause ein, und ihre Nichte und ihr Neffe liebten sie heiß und innig. Ihre Freunde aus der Kirche waren toll. Und sie liebte die Gemeinde und ihre ehrenamtliche Arbeit.

Ein warmes Gefühl breitete sich in ihr aus, während sie über das Gute in ihrem Leben nachdachte. Sicher, es gab auch viele Herausforderungen, aber wenn man sich auf das Positive konzentrierte, fühlte man sich erstaunlich gut.

Und dort im Vorraum der Kirche traf Lindy eine Entscheidung: Um gegen den Neid anzukämpfen, würde sie sich das Gute in ihrem Leben vor Augen halten. Das lieben, was ist, statt immer etwas anderes zu wollen. Das konnte doch nicht so schwer sein. Sie würde es einfach ausprobieren.

Lindy strich ihr goldfarbenes Kleid glatt. Vielleicht war die Farbe doch nicht so übel. Aber vielleicht hatte das auch gar keine Bedeutung. Sie war dankbar, eine Freundin zu haben, die sie zu ihrer Hochzeit eingeladen hatte. Und dankbar für Randys Freundschaft. Und dankbar für …

In diesem Augenblick tauchte die Hochzeitsplanerin wieder auf. „Wenn die Braut in fünf Minuten nicht da ist, werde ich den Gästen irgendetwas sagen müssen."

Kapitel 4

Die Liebe ist nicht eingebildet

Dr. Habersham schloss die Augen und seufzte tief. Er spürte Rachels Hand in seiner, aber das war kein großer Trost für ihn. Er brauchte Kontrolle. Situationen, die sich seiner Kontrolle entzogen, mochte er nicht. Und dann immer wieder diese beunruhigenden Träume, die ihm nachts den Schlaf raubten.

Er strich sich mit der Hand über seinen Bart, den er sich vor 25 Jahren hatte wachsen lassen, als er noch Lehrbeauftragter war. Der Bart sollte ihn älter wirken lassen als seine Studenten. Jetzt zogen sich graue Strähnen durch seine Barthaare.

Erneut entrang sich ihm ein tiefer Seufzer.

„Roger?" Seine Frau drückte seine Hand. In letzter Zeit seufzte er ziemlich häufig.

Nur Rachel nannte ihn Roger. Von allen anderen wollte er mit „Dr. Habersham" angesprochen werden. Eigentlich *verlangte* er sogar, mit seinem Titel angesprochen zu werden. Seinen Doktortitel hatte er sich hart erarbeitet, und er war stolz darauf. Wenn ein Student aus Versehen „Mister" sagte, korrigierte er ihn schnell. „Doktor Habersham, bitte."

Der Titel war für ihn sehr wichtig. Aber das war vor dem gewesen, was die Universität ihm vor kurzem mitgeteilt hatte. Und vor den Träumen.

Sein Blick wanderte durch die Kirche. Er hegte keine Abneigung gegen solche Gebäude. Andere Atheisten fühlten sich durch

Kirchen und die Religion herausgefordert – nicht aber Dr. Habersham. Er war offen für jegliches Gedankengut. Religion bedeutete ihm einfach nichts. Der Glaube war etwas für schwache Menschen. Für Menschen, die nicht selbstständig zu denken vermochten. Für Leute mit niedrigerem Intellekt.

„Was unterrichten Sie?", wurde er manchmal gefragt, und diese Frage gab ihm die Gelegenheit, den Fragesteller mit einem Neigen des Kopfes und einem vielsagenden Blick auf seinen Platz zu verweisen. „Fortgeschrittene Theorie der künstlichen Intelligenz."

Im Hörsaal war er der König. Er hatte alles unter Kontrolle. Es gefiel ihm, seine Studenten in Verlegenheit zu bringen, ihnen vor Augen zu führen, wie wenig sie wussten und wie groß sein Wissen war.

Er hatte im Leben alles richtig gemacht. Er war Jahrgangsbester in der Highschool gewesen, hatte die richtigen außerschulischen Aktivitäten gewählt, die ihm den Weg zur besten Universität, der Whitehall, geebnet hatten. Schachclub und Mathematikworkshops und solche Dinge.

Sein Studium an der Universität hatte er mit *summa cum laude* absolviert und nur die besten Noten bekommen. Bei seiner Graduierung hatte er bereits Artikel in drei Zeitschriften veröffentlicht. Die Karriereleiter stand fest an den Elfenbeinturm gelehnt, und er nahm zügig eine Stufe nach der anderen zur Spitze.

Alles war genau nach Plan gelaufen … bis jetzt.

Auf einmal schien sein perfekt durchgeplantes Leben ins Wanken zu geraten. Und das war logisch nicht nachvollziehbar. Die Logik machte die Welt kalkulierbar, verlässlich und sicher. Aber was er gerade erlebte, entbehrte jeder Logik.

Er analysierte seine Situation: Alles, worauf er so stolz gewesen war, drohte ihm zu entgleiten. Alles, wofür er gearbeitet hatte.

Doch das passte nicht in die natürliche Ordnung der Dinge, wie er sie immer gekannt hatte: Menschen, die hart arbeiteten, hatten Erfolg. Er hatte sich alles selbst erarbeitet, keine Mühen gescheut, Aufsätze veröffentlicht, Vorträge bei Konferenzen gehalten. Er hatte alles getan, um auf der akademischen Leiter aufzusteigen.

Er wäre lieber gestorben, als die Alternative zu akzeptieren, vor die er in wenigen Wochen gestellt werden könnte. Der Tod war nichts Schlimmes. Er war ein natürlicher, logischer Teil des Lebenszyklus. Man wurde wieder zu Erde und leistete damit seinen Beitrag für das Weiterleben anderer. Das alles war ein Teil der kosmischen Ordnung. So funktionierte das Universum. Es gab keinen Himmel. Keine Hölle. Nichts. Nur das Jetzt.

Aber warum brachte ihn diese vollkommen logische Gedankenfolge dann an den Rand einer Panik? Er wollte nicht sterben!

Er atmete tief durch und blickte Rachel an. Ihre Hand lag auf ihrer zerlesenen Bibel. Das ärgerte ihn. Rachel hielt immer noch an ihren irrationalen alten Überzeugungen fest. Schwache Menschen brauchten den Glauben daran, dass alles gut werden würde. Sie brauchten den Glauben an einen Vater im Himmel, einen wohlwollenden Herrscher, der für sie sorgte.

Aber es gab keinen Gott, weder im Himmel noch anderswo. Da war er sicher. Doch diese Wahrheit konnten die Menschen meist nicht ertragen; sie war zu schmerzlich. In den Philosophieseminaren im College hatte Roger gelernt, dass intelligente Menschen Antworten auf ihre Fragen in der Wissenschaft und in Fakten suchten, nicht in Fabeln und Geschichten. Es gab nur diese erbärmliche Welt und diese erbärmlichen Menschen, und kein höheres Wesen scherte sich einen Deut um sie.

Das war allerdings auch kein Trost für ihn. Sein logischer Verstand führte diese Analyse durch, während er am liebsten aufgestanden wäre und geschrien hätte: „Wir werden alle sterben!" Aber was hätte das genützt? Er atmete einmal tief durch. Die Menschen, die hier saßen, waren wie Schafe. Kurzsichtig und unintelligent. Die Kirche war voll von Schafen, die nicht logisch zu denken vermochten.

Er schob sich die Brille hoch und strich sich über seinen Bart. Die Trauung schien sich zu verzögern. Ein kleines Mädchen in der Reihe vor ihnen blätterte in einem Bilderbuch, Geschichten von Prinzessinnen, die aus den Fängen von Drachen gerettet wurden. Im realen Leben gab es keine Rettung, und die Drachen gingen am Ende meistens siegreich aus einer Auseinandersetzung hervor.

Roger hatte den Eindruck, dass die Zahl der Drachen, die es zu besiegen galt, wuchs, je älter er wurde. Und dass die Logik nicht mehr alles erklären konnte wie damals, als er sich den Bart hatte stehen lassen.

Diese Träume ... von den Träumen hatte er Rachel nichts erzählt. Jede Nacht kam ein Pferd zu ihm. Ein weißes Pferd. Manchmal galoppierte es in der Morgendämmerung über den Strand. Dunst stieg von dem Wasser auf, und die Wellen umspülten die Hufe des riesigen Tieres. In dem Traum war es kalt. Der Atem vor den Nüstern des Pferdes zeichnete sich als Wolke ab, und es blieb stehen und stampfte mit den Hufen. Majestätisch. Furchterregend, aber wunderschön. Wild.

Im Traum empfand er eine tiefe Sehnsucht, sich auf den Rücken des Pferdes zu schwingen und loszugaloppieren. Frei wie der Wind. Aber im Traum stand er in seinem Schlafanzug in der Brandung, nass bis zu den Waden, sein Blick hing wie gebannt an dem Pferd, und er war nicht in der Lage, sich zu rühren.

Das Pferd galoppierte ohne ihn davon, und Roger fuhr keuchend und mit klopfendem Herzen aus dem Schlaf hoch. Jedes Mal war er überrascht, sich in seinem Bett wiederzufinden, in seine Bettdecke eingehüllt. Rachel lag friedlich schlafend an seiner Seite. Und immer war da ein tiefes Gefühl des Verlustes und verpasster Gelegenheiten.

Danach lag er im Bett und dachte über das Pferd nach. Blickte in sein Gesicht und sah die großen Augen, die ihm in die Seele zu schauen schienen. Er sah die großen Nüstern vor sich, die weiche graue Nase. Aber er konnte sich nicht bewegen. Er konnte nicht einmal die Hand ausstrecken.

Es war nur ein Traum.

Vielleicht war er dabei, den Verstand zu verlieren. Vielleicht sollte er einen Psychiater aufsuchen.

Er glaubte nicht an Gott, das Schicksal oder Karma. Es gab nur den Zufall und die Wahrscheinlichkeit. Aber der Traum schien irgendeine Bedeutung zu haben, weil er immer wieder kam und ihn fast ständig beschäftigte. Auch jetzt in diesem Augenblick.

Er hatte Rachel nichts davon gesagt, ebenso, wie er ihr verschwiegen hatte, dass die Universität mit dem staatlichen College zusammengelegt werden würde und dass er, der kurz davor gestanden hatte, einen ordentlichen Lehrstuhl zu bekommen, nun bald ohne Beschäftigung dastehen würde. Alles, was er erreicht hatte, all seine Veröffentlichungen und seine Forschung, hatten nun kein Gewicht mehr. Im kommenden Jahr wäre er an der Reihe gewesen, einen Lehrstuhl zu bekommen, und bei seinen Referenzen hätte er das auch geschafft. Zumindest hatte er das angenommen, und in solchen Dingen irrte er sich eigentlich nie.

Aber das war nun hinfällig. Der Dekan des Fachbereichs hatte ihn zu sich gerufen und ihm mitgeteilt, dass sein Vertrag nach der Zusammenlegung der beiden Universitäten nicht verlängert werden würde. Punkt. Ende des Gesprächs.

Er verstand nicht ganz, warum ihn das so sehr erschütterte. Aber so war es nun mal. In seinem Alter eine neue Stelle zu finden würde schwierig bis unmöglich werden, zumal alle Universitäten Einsparungen vornahmen und das finanzielle Polster generell dünn war. Nein, es war Fakt: Eine neue Anstellung würde er nicht mehr finden. Das Leben, wie er es kannte, war vorbei.

Warum konnte er den Ruhestand nicht annehmen wie alle anderen? Die Antwort lag auf der Hand: weil er dann in der Bedeutungslosigkeit versinken würde. Deshalb. In seinem Leben gab es nur eines: das Unterrichten. Er hatte nie etwas anderes gewollt als lehren. Sein Ziel war es immer gewesen, Professor zu sein, einen Lehrstuhl innezuhaben. Damit hätte er sich den Respekt und die Ehrfurcht vor seiner Person für immer gesichert. Vielleicht wäre sogar ein Stipendium nach ihm benannt worden. Ihm zu Ehren.

Und fast hätte er die oberste Stufe der akademischen Leiter auch wirklich erklommen. Nur leider wurde die Leiter dann plötzlich vom Gebäude weggerückt. Alles fiel in sich zusammen. Nichts blieb. Er würde ein Nichts sein.

Und dann hatten die Träume angefangen.

Manchmal tänzelte das Pferd über eine taufeuchte Wiese auf ihn zu, während Roger in seinem Schlafanzug wie erstarrt dastand. Wassertropfen glitzerten auf dem Gras und flogen funkelnd von den Hufen des Pferdes hoch.

In einem Traum hatte das Pferd vor dem Fenster seines Arbeitszimmers gewiehert und mit den Hufen gestampft. Roger hatte das Fenster geöffnet und gesehen, wie das Pferd auf die Hinterbeine gestiegen war, wild mit den Augen gerollt hatte und dann über den Parkplatz des Colleges davongaloppiert war.

Es kam ihm immer näher.

Das kleine Mädchen in der Bank vor ihm klappte sein Bilderbuch zu und drückte es an die Brust, wie Rachel ihre Bibel an sich drückte. Roger erinnerte sich an eine Zeit, als auch er Bücher noch geliebt hatte, als er solchen Geschichten noch Glauben geschenkt hatte. Er sah sich als kleinen Jungen während der Vorlesestunde in der Bücherei auf dem Boden sitzen. Er liebte Märchen, lauschte mit verzückter Aufmerksamkeit und glaubte jedes Wort.

Und wie er Weihnachten geliebt hatte! Auch an den Weihnachtsmann hatte er geglaubt. Erst nach einigen Jahren hatte er erkannt, dass alles Lügen waren. Es gab keine Feen und keinen Weihnachtsmann. Und es war falsch, Kinder anzulügen.

Während er das kleine Mädchen in der Bankreihe vor sich betrachtete, musste er an die Geschichten denken, die er früher so geliebt hatte. Allen voran die Legende von König Artus und den Rittern der Tafelrunde. Ihrer Güte und Tapferkeit. Die Erinnerung ließ in ihm etwas aufflackern; etwas, das gut und wahr war. Die Geschichten handelten von Gemeinschaft und Heldenmut und davon, dass das Gute über das Böse siegte. Aber natürlich ging es in der Welt ganz anders zu. Viel zu oft siegte das Unrecht, und der tapfere Ritter konnte im wahren Leben den Drachen nicht immer überwältigen.

Rogers Blick wanderte zu den Buntglasfenstern der Kirche. Da war Jesus, die größte Märchengestalt. Früher in der Sonntagsschule hatte Roger auch die Geschichten von Jesus geliebt. Doch jetzt war Jesus für ihn nur noch eine Gestalt aus einem Märchen für Erwachsene, die nicht bereit waren, die raue Wirklichkeit der Welt zu akzeptieren.

Früher war er der Überzeugung gewesen, dass auf den Seiten eines Buches Antworten zu finden waren. Ein Buch verschaffte ihm die Möglichkeit, der Realität zu entfliehen und seine Gedanken fliegen zu lassen. Er erinnerte sich an die Geschichte von dem Mädchen mit den roten Tanzschuhen. Sie hatte sich diese Schuhe so gewünscht, doch wenn sie sie anzog, musste sie immerzu tanzen. Am Ende der Geschichte hackte ein Holzfäller ihr die Füße ab. Auch in Geschichten gab es nicht immer ein gutes Ende.

Rückblickend betrachtet war diese Geschichte reichlich brutal für ein Kind, so wie es in vielen Märchen war, aber damals, als er selbst ein Kind gewesen war, hatte er sie als eine Erleichterung empfunden. Überall sonst schienen die Leute das Böse zu ignorieren, das er in der Welt beobachtete. Obdachlose Menschen auf den Straßen; eine schwarze Frau, die allein wegen ihrer Hautfarbe von seiner Kirche abgewiesen wurde. Die Nachrichten abends im Fernsehen konfrontierten ihn mit dem Bösen in der Welt. Wenigstens in den Märchen versuchten die Autoren nicht so zu tun, als gäbe es das Böse nicht.

Er erinnerte sich an ein Märchen, in dem ein wunderschönes, unschuldiges Mädchen mit einem Ungeheuer verheiratet wurde. Die Schöne und das Biest. Lächelnd blickte er zu Rachel hinüber. Bei ihrer Hochzeit hatte sie nicht viel über ihn gewusst. Sie war so ein freundlicher Mensch, so gut ... viel zu gut. Sie hatte ihn so akzeptiert, wie er war, auch wenn das sicher nicht leicht für sie gewesen war. Sie hatte viel in ihrer Bibel gelesen und häufig Gottesdienste besucht – vermutlich, um für ihn zu beten. Ihr Glaube war kindlich. Er hatte das immer irgendwie naiv gefunden. Allerdings musste er zugeben, dass ihr Leben einen Sinn hatte.

Sein Leben würde bald jeden Sinn verlieren. Ohne seine Arbeit war er ein Niemand. Das Biest in dem Märchen hatte sich durch Strenge und Härte Respekt verschafft. Am Ende der Geschichte rettete die Schöne das Biest und verwandelte es in einen Prinzen. Er konnte den abgeschiedenen Palast verlassen, in dem er eingekerkert gewesen war, und in die Freiheit gehen.

In den letzten Jahren war auch Roger in seinem akademischen Elfenbeinturm eingesperrt gewesen. Gefangen in seinen eigenen Gedanken. Er schob seine Brille hoch. Eigentlich brauchte er diese Brille gar nicht. Er trug sie nur, um sich ein würdevolleres und intelligenteres Aussehen zu geben. Jetzt nahm er sie ab und behielt sie in den Händen.

Vor langer Zeit hatte er geglaubt, Rachel könnte ihn retten, wie die Schöne das Biest gerettet hatte. Aber das war ihr nicht gelungen. Er hatte immer versucht, ihre Liebe zu ihm rational zu begründen und nicht zu nah an sich heranzulassen: Sie liebte ihn, ja, aber sie brauchte ihn auch, um versorgt zu sein, und um jemanden zu haben, den sie betüddeln konnte. Sie kümmerte sich gern um Menschen. Ihr gefiel der Status als Ehefrau.

Sein Kopf war ständig mit dem Analysieren und Erklären von allem beschäftigt, was um ihn herum geschah. Wie gern würde er seine Gedanken nur für einen Augenblick ausschalten und einfach nur *sein*. Aber was sein? Einfach nur Roger? Und wer war dieser Roger eigentlich?

Früher hatte er Abenteuer geliebt. Mit einem Holzstock als Schwert war er durch die Wälder gestreift, hatte die Bösen vertrieben und Drachen gejagt. Jetzt fiel es ihm wieder ein: *Galahad* hatte er damals sein imaginäres Pferd genannt, nach einem von Artus' Rittern. Der Gefährte seiner Fantasie. Sein schneeweißes Pferd. *Lass doch diese Gedanken!* Er wollte nicht über die Symbolhaftigkeit des weißen Pferdes oder die Parallelen seines Lebens zu dem des Biests aus dem Märchen nachdenken.

Rachel würde sagen, das Pferd stünde für Jesus und Rogers Sehnsucht nach mehr. Und wenn er jetzt auf sein sinnloses Leben zurückblickte, fand er es beängstigend, dass sie vielleicht sogar richtig lag. Vielleicht war der große Dr. Roger Habersham auf der Leiter des Erfolgs hochgestiegen … ins Nichts.

Hat Rachel recht?, fragte er sich. Aber wem stellte er diese Frage? *Bist du da … Gott?*

Keine Antwort.

Die Frage auszusprechen hatte ihm irgendwie Erleichterung verschafft. Er schloss die Augen, und die Panik, die in ihm hatte aufsteigen wollen, ebbte ab. In der Wärme der Kirche bekamen seine Gedanken Flügel und hoben ab. Der Traum lauerte am Rand seines Unterbewusstseins.

Er beschloss, den Traum zuzulassen. Er würde sich diesen Hirngespinsten stellen und sie besiegen. Ganz bewusst entspannte er sich und ließ seine Gedanken an den Strand aus seinen Träumen schweifen.

Er war da, und das Pferd kam über den Sand auf ihn zu galoppiert. Dieses Mal streckte Roger seine Hand aus, ganz vorsichtig, sanft, wie ein Kind. Er spürte die warmen, weichen Nüstern des Pferdes. Es blies seinen heißen Atem in Rogers Hand. Die großen braunen Augen blickten ihn an. Er spürte die Wärme, die der Pferdekörper abstrahlte, und legte seinen Kopf an den Hals des Tieres. Und er fühlte sich getröstet, wie er es noch nie erlebt hatte.

Im Traum strich er mit der Hand über den muskulösen Hals des Pferdes. Wie wünschte er sich, es möge echt sein. Er wollte es glauben. Das Fell des Tieres war samtweich, und Rogers Hand krallte sich in die kräftigen Haare seiner Mähne.

Reite.

Ganz von selbst kam diese Aufforderung.

Reite.

Es schien eine Einladung zu sein, aber auch ein Befehl. Roger kämpfte gegen den Drang an, die Sache zu analysieren, alles erklären zu wollen, die Kontrolle nicht aus der Hand zu geben.

Er nahm ein großes Büschel Mähnenhaare fest in die Hand. Es war die Hand eines kleinen Jungen, und mit einer fließenden Bewegung schwang er sich auf den Rücken des weißen Pferdes.

Fort waren der Bart und die Brille. Er war wieder ein Kind, und der Wind strich durch seine Haare. Er drückte seine Beine sanft an den Bauch des Pferdes, und sie preschten los. Das Pferd lief sehr schnell, der Wind rauschte in seinen Ohren, doch Roger hatte keine Angst. Er verspürte nur Freiheit und Freude. Da war auch ein Gefühl von Mut, von innerer Größe in ihm. Er spürte das Schwert an seiner Seite.

Plötzlich vernahm er Hufschläge hinter sich, und ein anderes, größeres weißes Pferd mit einem Reiter holte ihn ein. Es war Jesus, aber nicht der Jesus aus mittelalterlichen Bildern – feminin, blass und leidend. Dies hier war ein starker Mann, der neben ihm her galoppierte. Die Muskeln und Sehnen seiner Arme und Hände, in denen er die Zügel hielt, spielten unter der Haut. Seine Haare flatterten im Wind und sein Gesicht war von der Sonne gebräunt. Er grinste Roger an, bevor sein Pferd mit donnernden Hufen vorbeizog.

In diesem Augenblick wusste Roger, dass er Jesus überallhin folgen würde.

„Roger." Rachel legte die Hand auf seinen Arm.

Er war wieder in der Kirche und bei der Hochzeit.

Tränen liefen über sein Gesicht. Er wischte sie nicht weg. Es war noch nicht zu spät. Jesus konnte ihn immer noch retten.

„Wach auf, Roger. Du hast geschlafen."

Hatte er wirklich geschlafen? Der Traum war so lebendig und real gewesen. Und doch saß er hier auf seinem Platz in der Kirche.

Er richtete sich auf und blickte sich um, weil er sehen wollte, ob irgendjemand etwas mitbekommen hatte. Aber alles war noch so wie vorher. Diese Menschen waren dieselben, doch er war nicht mehr derselbe. Das wusste Roger tief in seinem Innern. Die Angst war fort, die Leere hatte nun einen Inhalt. Es gab etwas, das größer war als er. Etwas, das er nicht definieren konnte. Es zu fassen und zu rationalisieren überstieg seine intellektuellen Fähigkeiten, aber das war in Ordnung.

Die Sorge um seine Karriere und seine Stellung war verschwunden. Wie ungewöhnlich, denn das war ihm doch immer so wichtig gewesen, und jetzt … nichts.

„Was ist los, Roger?"

Seine Umgebung wirkte auf einmal viel *realer*. Es war alles wahrer, als er je gedacht hatte. Er konnte es nicht erklären, aber irgendwie wusste er, dass die besten Jahre noch vor ihm lagen und dass er, der ach so kluge Professor, einem Irrtum aufgesessen war. Er hatte sich der falschen Dinge gerühmt. Er hatte die falsche Leiter erklommen.

Das Mädchen vor ihm drehte sich um und schaute ihn intensiv an. „Du sollst den Mann nicht so anstarren, Sophie", rügte ihre Mutter.

Die Kleine lächelte ihn an und drehte sich wieder um.

Rachel ergriff seine Hand. „Alles in Ordnung?"

Er nickte. Wie sollte er es ihr nur sagen? Das, was da eben passiert war ... und vor allem die enormen Auswirkungen, die es schon jetzt, wenige Minuten später, auf sein ganzes Denken und Fühlen hatte ... das konnte er nicht kommunizieren, auch wenn er es gern getan hätte.

„Ich glaube ...", mehr brachte er nicht über die Lippen, und ihm wurde klar, dass es kein Traum gewesen war.

„Was?", fragte Rachel verwirrt. „Was glaubst du?"

Wie sollte er sich erklären? Der Galopp über den Strand. Das Lächeln auf dem Gesicht von Jesus. Die strahlende Freude, die so plötzlich sein Herz erfüllt hatte.

„Ich glaube!", wiederholte er, als wäre damit alles gesagt.

„Oh", sagte sie, und ihre Augen füllten sich mit Tränen, als sie verstand. „Du glaubst?"

„Ja", sagte er. Und ihm wurde klar, dass es tatsächlich so war.

Kapitel 5

Die Liebe sucht nicht den eigenen Vorteil

Der Streit hatte am Morgen bei der Probe begonnen und im Laufe des Tages noch Fahrt aufgenommen. Jetzt saßen die vier Schwestern angespannt und mit sich selbst im Unreinen in der zweiten Reihe und warteten auf ihren Auftritt bei Julias Hochzeit.

Die *Four Jubilees* wurden ihrem Namen nicht gerecht. Keiner von ihnen war nach Singen zumute, und nach Jubilieren schon gar nicht. Mit vor der Brust verschränkten Armen und verschlossenen Gesichtern saßen sie in ihren schönen aquamarinblauen Kleidern mit dem mit Pailletten verzierten Ausschnitt in ihrer Bank.

Sie hatten sich auf ein Lied geeinigt: *„Love Divine"*, göttliche Liebe. Es war das Lieblingslied ihrer Großmutter, und sie freuten sich über die Gelegenheit, es zu singen.

Die Probe hatte auch sehr gut begonnen. *„Love divine … göttliche Liebe, die alles übersteigt. Freude des Himmels und der Erde …"*

„Moment." Joy unterbrach das Quartett mit ihrer klaren Sopranstimme. „Ich finde, wir halten bei der Liebe ein wenig zu lange aus. Es muss *Liiiiebe* sein und nicht *Liiiiiiiiiiiiiiebe*."

Sie blickte Hope an, Schwester Nummer 2 und zweiter Sopran.

„Warum guckst du mich an? Wir alle haben den Ton lange

ausgehalten. Vermutlich haben wir einfach die Liiiiiebe gespürt und konnten uns nicht von ihr trennen!"

Die anderen lachten.

„Ich stimme dir zu. Mir gefällt die Betonung der Liebe", meinte Grace. „Darum sind wir ja hier. Wir feiern eine Hochzeit und die Liiiiiebe." Sie traf genau den Ton und legte ein wenig Vibrato hinein.

„Okay, okay. Mir gefällt das zwar nicht so, aber klar, wir können den Ton etwas länger aushalten."

Joy gab nur sehr ungern nach. Sie fühlte sich verantwortlich für die Qualität der Gruppe. Von Anfang an hatte sie diese Rolle auf sich genommen, denn sie war die älteste der Schwestern. Sie hatte auf ihre jüngeren Geschwister aufgepasst, wenn ihre Mutter bei der Arbeit war.

Am ersten Tag, an dem ihre Mutter wieder zu arbeiten begann, hatten sich Hope, Grace und Patty fürchterlich gestritten, und Joy wusste nicht, was sie tun sollte. Darum schloss sie sie kurzerhand in ihre Zimmer ein. Zur Mittagszeit hatten sie gejammert, sie hätten Hunger, und so hatte sie Sandwichs mit Erdnussbutter und Marmelade für sie geschmiert, sie flach gedrückt und unter der Tür hindurchgeschoben. Als ihre Mutter von diesem „Mittagessen" hörte, war sie gar nicht begeistert und forderte Joy auf, sich etwas anderes zu überlegen, um ihre kleinen Schwestern zu beschäftigen.

Joy hatte eine geniale Idee, und am nächsten Morgen erklärte sie ihren Geschwistern, sie würden jetzt Gesangsunterricht bekommen, und sie wäre ihre Lehrerin. Ihren Schwestern war es egal, dass Joy keinerlei Vorbildung besaß – kein Wunder, schließlich war sie erst elf Jahre alt.

Jeden Morgen, wenn ihre Mutter zur Arbeit gegangen war,

begann Joy, mit ihren Schwestern zu singen. Erstaunlicherweise machte es ihnen allen großen Spaß, und sie waren sogar richtig gut. Schon bald sangen sie in ihrer Kirche bei Hochzeiten, Beerdigungen und Evangelisationsveranstaltungen, schließlich auch bei Veranstaltungen außerhalb der Kirche, in Krankenhäusern und bei Talentshows. Für einige ihrer Lieder hatten sie auch Tanzchoreografien einstudiert, die sie aber natürlich nicht bei Hochzeiten oder Beerdigungen vorführten.

Einmal hatten sie sogar einen Auftritt im Fernsehen, bei einer Talentshow, in der sie den dritten Platz belegten. Sie trugen ein Lied vor, das ihr Vater für sie geschrieben hatte: „Circle of Love – der Kreis der Liebe". Die Trophäe stand immer noch deutlich sichtbar auf einem der Regale in dem Haus, das Joy sich mit Patty teilte.

Sie alle hatten nach und nach geheiratet und waren eine Weile getrennte Wege gegangen, doch irgendwann waren sie doch wieder hier in ihrer Heimatstadt gelandet. Und als sie sich einmal in ihrem Elternhaus trafen, fing eine von ihnen beim gemeinsamen Geschirrspülen plötzlich an, die erste Zeile von „Circle of Love" zu singen: *„Papa, nimm meine Hand …"*

Und die anderen stimmten sofort mit ein. *„Mama nimmt die andere, sie ergreift die nächste, und so bilden wir einen Kreis der Liebe."*

Als sie zum Refrain kamen, erinnerten sich alle wieder an die Schritte und Bewegungen, die sie vor so vielen Jahren einstudiert und aufgeführt hatten.

„Der Kreis der Liebe.
Kreis der Liebe.
Der unsere Familie hält,

Liebe von oben,
Hände halten Hände,
über die Entfernung hinweg
bilden sie den Kreis der Liebe."

Das war der Augenblick, in dem sie die Entscheidung trafen, wieder zusammen zu singen. *The Lindall Sisters*, so hatten sie sich damals als Kinder genannt, doch alle meinten, das sei zu platt, zu wenig aussagekräftig. Sie wollten einen Neuanfang und ein neues Image. Und außerdem hieß keine von ihnen mehr Lindall. Grace war die Einzige, die den alten Namen behalten wollte; sie wurde überstimmt und war ziemlich enttäuscht. Manchmal, wenn der Name *The Lindall Sisters* fiel, seufzte sie immer noch tief, obwohl das jetzt schon zehn Jahre zurücklag.

Joy hätte *Joy's Jubilees* gut gefallen, wegen der Alliteration und weil ihr Name darin enthalten war. Schließlich war sie ja auch die Älteste und sozusagen die Leiterin der Gruppe. Aber sie wollte die Aufmerksamkeit nicht so stark auf sich selbst lenken. Also hatten sie sich auf *Four Jubilees* geeinigt.

Julias Hochzeit war wichtig für die *Four Jubilees*. Sie war eine Cousine zweiten Grades, und sie waren entschlossen, ihr Bestes für sie zu geben. Allerdings musste Joy einräumen, dass ihr Gesang das gewisse Etwas verloren hatte. Das machte sie traurig. Die Probe am Morgen hatte das bestätigt. Es hatte alles gut geklappt, aber irgendetwas fehlte. Etwas nicht Greifbares, aber Spürbares.

Das Besondere bei ihren Auftritten war immer die Harmonie in ihrem Gesang gewesen. Darauf waren sie stolz. Ihre Stimmen passten perfekt zueinander und bildeten ein harmonisches Ganzes. Das spürten die Zuhörer, und sie hatten oft den Eindruck, dass noch eine fünfte Stimme dabei war, die ihrem Gesang eine ganz besondere Note verlieh. Das hatte man ihnen wieder und wieder so erzählt. Das Phänomen nannte sich „Oberton", und man konnte es nur hören, wenn die Harmonie ihre Stimmen zu einer verschmelzen ließ. Wenn sie diese fünfte, gemeinsame Stimme fanden, dann waren sie besser als jede andere ihnen bekannte Gruppe.

Vielleicht hätten sie sich während der Probe intensiver mit dem langgezogenen „Liiiiebe"-Ton beschäftigen sollen, denn er bot sich eigentlich für den Oberton geradezu an. Doch irgendwie hatten sie nicht zur richtigen Harmonie gefunden.

„Ich bin nicht sicher, ob unsere Mikrofone richtig eingestellt sind", hatte Joy angemerkt. Sie suchte nach einer Erklärung für den Missklang. „Der Sopran trägt die Melodie und sollte etwas lauter sein als die anderen." Sie hatte sich vorgenommen, die anderen Mikros vor ihrem Auftritt ein wenig leiser zu drehen, natürlich nur ein ganz kleines bisschen.

Hope spielte mit ihrer Halskette, ein sicheres Zeichen dafür, dass sie eine scharfe Erwiderung auf der Zunge liegen hatte. „Ach ja, der Sopran, also du, musst besser zu hören sein als wir anderen?" Sie verdrehte die Augen und suchte Unterstützung bei ihren Schwestern.

„Na ja, der Sopran singt nun mal die Melodie." Verärgerung schlich sich in Joys Stimme. Schließlich hatte sie schon Jahre vor den *Four Jubilees* Solo gesungen. Sie hatte keinen Zweifel, dass ihre Stimme dieses Lied tragen konnte.

„Aber auch der zweite Alt hat in diesem Lied eine wundervolle Melodie", bemerkte Grace und nahm sich vor, Joys Mikro später leiser zu drehen. Oder ganz auszuschalten. Sie lachte in sich hinein. Eigentlich brauchte Joy gar kein Mikro. Auch ohne dass ihre Stimme verstärkt wurde, war sie ziemlich laut. Und niemand schien sich daran zu erinnern, dass Grace vor ein paar Jahren die Alt-Soli im *Messias* gesungen hatte. Sie war ganz sicher, in diesem Lied die tragende Stimme zu haben.

Bei der Probe war der Streit wegen der Mikrofone eskaliert.

Bei Auftritten für Wettbewerbe brauchten sie nur ein Mikrofon. Sie kamen dann in ihren lavendelfarbenen Kleidern tanzend auf die Bühne und nahmen ihre Plätze ein. Das Mikrofon stand in der Mitte. Sie zwinkerten sich gegenseitig zu, so wie ihre Mutter es immer getan hatte. Dann gab Joy auf der Stimmflöte den Ton an und steckte sie in ihren mit Pailletten bestickten Gürtel zurück.

Ihre Schwestern nahmen den Ton auf, und alle Stimmen fanden sich in vollkommener Harmonie in ihre Tonlage. Der Klang ihrer Stimmen und die bewundernden Blicke aus dem Publikum begeisterten sie immer neu. Der Applaus tat ihnen gut. Nach dem Lied zwinkerten sie sich erneut zu. Doch eigentlich hatten sie sich schon länger nicht mehr zugezwinkert. Und auch schon lange nicht mehr zusammen gelacht.

Nein, die Probe war nicht gut gelaufen.

„Wenn du dein Mikro zu laut drehst, sind die anderen nicht richtig zu hören", hatte Hope eingewandt. Ganz plötzlich war da die Erinnerung an das eine Mal, als sie das Vaterunser *a capella* gesungen hatte. Einige der Zuhörer waren zu Tränen gerührt gewesen. Und das war auch ein Solo. In letzter Zeit hatte sie häufiger über die vielen Soli nachgedacht, die sie bereits gesungen hatte. Vielleicht sollte sie die Mikrofone ihrer Schwestern etwas leiser drehen. Sie könnte *Love Divine* auch gut allein singen.

Patty, die eigentlich Patience hieß, äußerte sich nicht, aber ihre Gedanken rasten. Es war ihre tiefe Stimme, die dem Quartett die Stabilität verlieh.

Sie schwiegen einen Augenblick, aber ihre Blicke hingen an den Mikrofonen und der Verstärkeranlage.

„Wenn wir nur die richtige Einstellung fänden", bemerkte Grace ernst. „Dann wäre auch der Oberton wieder da."

„Ach, der Oberton", meinte Patty nachdenklich.

Die *Four Jubilees* sehnten sich nach dem alten Einklang und der Harmonie, die zwischen ihnen geherrscht hatte, nicht nur auf der Bühne, sondern auch sonst. Sie sangen zusammen, aber sie arbeiteten auch am Freitagmorgen gemeinsam in der Suppenküche, engagierten sich im Besuchsdienst ihrer Gemeinde, indem sie sich um erkrankte Mitglieder kümmerten.

Sie wurden mit ihren gesungenen Kartengrüßen bekannt, die bei den Leuten gut ankamen. Das war Hopes Idee gewesen; sie hatten gerade einen Krankenbesuch gemacht, als sie auf einmal herausplatzte: „Gesungene Kartengrüße! Das ist doch eine Idee."

Den ersten gesungenen Gruß hatten sie Louis Haney geschickt, als er seine neue Hüfte bekam. Sie hatten sich um das Telefon gestellt; Louis meldete sich. „Hallo?"

„Hallooo." Der tiefe Alt sang die erste Note des Akkords.

„Halloooooo", der zweite Alt in perfekter Harmonie.

„Hallooooooooooooo." Hope sang ihren Ton, und ein letztes Hallo kam von Joys Sopranstimme. Und ohne ein Wort zu sagen begannen sie zu singen. *„Hallo, mein Lieber, hallo, mein Freund ..."*

„Du hast einen gesungenen Kartengruß von den *Four Jubilees* bekommen", sagte Joy am Schluss, und dann legten sie auf. Alle Empfänger hatten es geliebt.

Im Laufe der Jahre hatten sie viel Freude bei ihren Auftritten erlebt, nichts als Freude. Was war denn nur geschehen? Die Harmonie war verschwunden, die fünfte Stimme erklang nicht mehr, und so sehr sie sich auch bemühten, sie fanden nicht zu ihr zurück. Jede von ihnen hatte eine Vorstellung davon, wer die Schuld an dem Dilemma trug, und jede von ihnen entwickelte einen eigenen Plan, um Abhilfe zu schaffen.

Schließlich meinte Joy achselzuckend: „Vielleicht liegt es ja wirklich nur an der Verstärkeranlage. Ich werde mich später darum kümmern."

„So wie du dich um die Sandwiches mit Erdnussbutter und Marmelade gekümmert hast?", fragte Hope.

Und damit war die Probe beendet. Die Schwestern gingen nach Hause.

Am Nachmittag war Joy als Erste in der Kirche und richtete die Blumengestecke her, die auf der Bühne standen. Die großen weißen Hortensienblüten waren spektakulär. Sie trat zurück, um ihre Arbeit zu bewundern. Dabei blieb ihr Blick an den vier Mikrofonen im Altarraum hängen. Niemand sonst war da.

Ihr Herzschlag beschleunigte sich. So etwas hatte sie noch nie getan, aber sie musste irgendetwas unternehmen. Die *Four Jubilees* mussten bei der Hochzeit richtig gut sein, aber Hopes zweiter Sopran übertönte ihren ersten Sopran. Sie stieg die Stufen zum Altarraum hoch und schaltete entschlossen Hopes Mikro aus.

Das fühlte sich so gut an! Hope hatte das verdient. In letzter Zeit dachte sie nur an sich. *Jetzt sind die Four Jubilees nur noch Three Jubilees,* dachte Joy und grinste schadenfroh. Sie konnte es kaum erwarten, bis Hope ihren ersten Ton herausbellte.

In aller Eile verließ Joy das Kirchenschiff und machte sich auf den Weg zur Reinigung, um ihr Kleid abzuholen.

Als Nächste betrat Hope die Kirche und blickte sich vorsichtig um. Sie hatte eine Mission zu erfüllen. Ohne zu zögern trat sie an Joys Mikro und schaltete es aus. So! Joy war auch ohne Mikro laut genug. Hope könnte sie ja, wenn nötig, bei der Melodie unterstützen.

Später kam Grace in die Kirche. Vor ihren Auftritten nahm sie sich gern etwas Zeit, um zur Ruhe zu kommen und mit Gott zu reden. Sie setzte sich in die erste Reihe und versuchte zu beten. *„Lieber Herr ...",* begann sie innerlich, aber ihr Blick wanderte immer wieder zu den Mikrofonen, und sofort war ihr Zorn auf

Patty wieder da. Ihre voll tönende Kontraaltstimme war viel zu laut, obwohl sie wirklich eine schöne Stimme hatte.

„*Lieber Herr ...*", setzte sie erneut an, aber es gelang ihr nicht, die Augen geschlossen zu halten, wie sie es sonst beim Beten tat. Sie konnte den Blick einfach nicht von den Mikrofonen lösen. Erinnerungen an ihre Soli stiegen in ihr hoch.

Und dann tat sie es. Sie stand auf, ging nach vorn und schaltete Patiences Mikro ab. „Verzeih mir, Herr", murmelte sie, während sie im Eilschritt die Kirche verließ. Trotzdem drehte sie nicht wieder um und schaltete das Mikro wieder ein. Eigentlich brauchte Patty gar kein Mikro.

Zuletzt kam Patience in die Kirche. Eigentlich wollte sie Graces Mikrofon nur ein wenig leiser drehen – wirklich nur ein kleines bisschen. Grace besaß eine kräftige Altstimme. Das war gut. Und Graces Stimme war wunderschön, das ließ sich nicht leugnen. Aber ...

Patty ging zum Mikrofon, und da sie nicht so genau wusste, wie man die Lautstärke regulierte, schaltete sie es einfach ab. Schließlich sang Grace nur die Altstimme, die sicherlich ein unterstützendes Element für den Gesamtklang war, aber ganz bestimmt keine tragende Stimme. Ohne Mikrofon wäre Graces Lautstärke perfekt.

Jetzt saßen Joy, Hope, Grace und Patience in ihrer Reihe und warteten auf ihren Auftritt. Jede von ihnen dachte nur an die Mikrofone auf dem Podest.

Joy rutschte unruhig auf ihrem Platz herum. Sie überlegte, was mit den *Four Jubilees* los war und warum in ihrem Gesang die Harmonie und damit der Oberton fehlte.

Vielleicht lag es gar nicht an den Mikrofonen.

Ihr Blick fiel auf das Programmheft. Auf der ersten Seite sprangen ihr die wunderschönen Verse aus dem ersten Korintherbrief ins Auge. Sie und ihre Schwestern hatten einmal bei einer Hochzeit eine Vertonung der Bibelstelle gesungen. Damals war Joy zwölf gewesen. Die Worte und die ansprechende Melodie gingen ihr immer noch im Kopf herum. *Die Liebe ist freundlich. Die Liebe ist geduldig. ... Die Liebe sucht nicht den eigenen Vorteil.*

Joy beugte sich vor, zeigte ihren Schwestern das Programmheft und deutete auf die Verse. Hope, Grace und Patience lächelten und nickten. Die Erinnerung an die vier kleinen Mädchen, die in ihren duftigen rosa Kleidchen diese Verse über die Liebe sangen, war allen willkommen.

Hope deutete auf die Uhrzeit auf dem Programm, 17:00 Uhr, und hielt ihre Uhr hin. 17:12 Uhr.

Die anderen zuckten die Achseln. Wo steckte Julia?

Richard, der Organist, nickte ihnen zu. Er deutete mit dem Kopf auf die Bühne und nickte erneut. Ziemlich eindeutig, was er wollte.

Das war im Programm so nicht vorgesehen. Ganz und gar nicht. Da stand es, hier im Programmablauf: Nach dem Ringtausch. Die *Four Jubilees*.

Die Trauung verzögerte sich, das war klar. Irgendetwas war vorgefallen, und sie mussten die Zeit überbrücken.

„Ich glaube, er will, dass wir singen", flüsterte Grace.

„Wie kommst du darauf?", flüsterte Patience noch etwas lauter.

„Er macht Gesten."

„Wirklich?"

Joy erhob sich, und die anderen folgten ihr. Richard nickte zustimmend. Sie strichen ihre Kleider glatt, und gemeinsam gingen sie zum Podest und stellten sich vor ihre Mikrofone.

Joy nahm ihre Stimmpfeife zur Hand und gab den Ton an. Die *Four Jubilees* holten Luft. Gemeinsam begannen sie: „*Love divine ...*"

Sofort wurde klar, dass sie ein Problem hatten: Die Mikrofone waren ausgeschaltet. Obwohl alle sangen, wurden ihre Stimmen nicht in die Kirche verstärkt.

Joy handelte als Erste. Sie hob die Hand an ihr Mikrofon und klopfte vorsichtig dagegen. Was war los? Ein Kurzschluss? Sie klopfte fester.

Hope suchte den Blick ihrer Schwestern. Grace erwiderte ihn und zuckte die Achseln. Patty schaute zum Mischpult hinüber, ob sich vielleicht jemand erbarmen würde. Nein. Bei einer Hochzeit brauchte man keinen Techniker, hatten sie alle vorher einhellig gesagt. Vielleicht sollten sie das noch einmal überdenken.

Auf einmal stand den Schwestern der auf dem Programm abgedruckte Vers vor Augen. *Die Liebe sucht nicht den eigenen Vorteil.* Hier lag die Ursache für das, was bei den *Four Jubilees* schief gelaufen war: Sie waren nicht mehr eine Einheit mit einer harmonischen Stimme, sondern vier selbstsüchtige Einzelsängerinnen.

Joy hob den Arm und gab ihren Schwestern ein Zeichen, das Lied abzubrechen. Die Stimmen verstummten. Schweigend schauten die *Four Jubilees* ins Publikum. Die Hochzeitsgäste tuschelten und flüsterten miteinander: Was war los? Funktionierten die Mikrofone nicht?

Und allmählich dämmerte den Schwestern, was geschehen war und wo das Problem lag: Sie alle hatten nur an sich selbst gedacht, und jetzt war keine von ihnen zu hören. Wortlos schob Joy ihr Mikrofon samt Ständer zur Seite. Grace nahm das zweite und Hope das dritte.

Als nur noch ein Mikrofon stand, schalteten sie es ein. Joy klopfte dagegen. Das Mikrofon funktionierte.

„*Die Liebe sucht nicht den eigenen Vorteil!*", flüsterte sie ihren Schwestern zu.

Die *Four Jubilees* fassten sich an den Händen und stellten sich vor das Mikrofon. Beinahe hätten sie vergessen, was wirklich wichtig war.

Es fühlte sich richtig an, wie sie dort zusammen standen und diese Hochzeit vor ihrem Gott feierten. Joy gab noch einmal den Ton an, und die *Four Jubilees* setzten ein. *„Die Liebe Gottes, die alle Liebe übersteigt ..."*

Ihre vier Stimmen verschmolzen miteinander und fanden zu der Harmonie zurück, die früher ihr Markenzeichen gewesen war. Sie schmetterten ihr Lied in die Kirche hinaus, lauter und voller denn je zuvor. Und dann war die fünfte Stimme, die so lange gefehlt hatte, wieder da, stark und klar. Sie schwang sich über die Harmonie. Jede der Schwestern hörte und spürte sie.

Die fünfte Stimme klang wie die Liebe Gottes persönlich.

Kapitel 6

Die Liebe verhält sich nicht ungehörig

Ich bin deine Schwester.

Snowy konnte den Blick nicht von diesen vier Wörtern abwenden. Auch jetzt noch hatten sie dieselbe Wirkung auf sie wie in der vergangenen Woche, als sie den Brief bekommen hatte.

Immerzu musste sie den weißen Umschlag anschauen. Zuerst hatte er auf der Arbeitsplatte in ihrer Küche gelegen, doch dann hatte sie ihn in ihre Handtasche gesteckt. Als sie jetzt in der letzten Reihe der Kirche saß, nahm sie ihn noch einmal zur Hand. Vom häufigen Lesen war er bereits ganz zerknittert, aber sie musste ihn anschauen, um sich selbst davon zu überzeugen, dass er real war.

Sie hatte eine Schwester.

Ihr Problem war, dass sie nicht wusste, ob sie das gut oder schlecht finden sollte. Wollte sie eine Schwester haben oder würde das ihr Leben nur komplizierter machen?

Der Briefträger, der den Brief in der Bäckerei abgegeben hatte, hatte von Snowy eine Unterschrift verlangt. Sie musste den Empfang quittieren. Als der Briefträger kam, war sie hinten in der Backstube gewesen, hatte gerade ein Stück von dem Sauerteig abgerissen und zu einer Kugel geformt.

Dies war die Tageszeit, die sie besonders liebte. Die Morgenkunden hatten sich ihre Bagels und ihren Kaffee zum Mitnehmen geholt. Die Regale waren gefüllt mit den Ergebnissen der Arbeit der vergangenen Nacht: Zimtmuffins, Zitronenplunder, Ingwerscones, Pekanstangen.

Jetzt kamen die Vormittagskunden. Die Glocke über der Tür läutete jedes Mal, wenn jemand kam und ging, und Kitty, die Studentin, die in der Morgenschicht aushalf, grüßte alle freundlich und verbreitete gute Laune.

Als die Glocke wieder einmal bimmelte, registrierte Snowy das schon gar nicht mehr. Sie war auf das Brot und den Teig konzentriert.

„Snowy", rief Kitty aus dem Laden, „hier ist ein Brief für dich."

Wie ungewöhnlich. „Bring ihn nach hinten."

„Du musst den Empfang quittieren."

Sie hatte den Teig auf den Tisch gelegt und ihre Hände an dem Tuch abgewischt, das immer in ihrer Schürze steckte. Im Laden stand der Briefträger mit einem Klemmbrett und einem Brief. Auf dem Umschlag stand ihr voller Name, *Snowena Elizabeth Richardson*. Das war für sie so fremd. Alle nannten sie Snowy. Sogar ihre Bäckerei hieß *Snowys*.

Was brachte ihr der Briefträger da? Was war das für ein Brief, der nach einer Empfangsbestätigung verlangte?

„Unterschreiben Sie hier bitte", forderte der Briefträger sie auf und hielt ihr das Klemmbrett hin.

Vielleicht steckte in dem Umschlag ein Scheck oder sonst etwas Wertvolles. Aber es war nur ein einfacher weißer Umschlag. Ganz bestimmt war ihm nicht anzusehen, dass er ihr Leben auf den Kopf stellen würde. Snowy steckte den Finger unter die Lasche und riss ihn auf, wie sie in ihrem Leben schon Hunderte Briefe aufgerissen hatte.

Ein einfaches weißes Blatt lag darin. Als sie es auffaltete, fielen mehrere Fotos heraus und landeten vor ihr auf dem Fußboden. Noch bevor sie sich bücken und sie aufheben konnte, blieb ihr

Blick an der Handschrift auf dem Brief hängen. Die Ähnlichkeit mit ihrer eigenen Schrift war auffallend: ausladende, geschwungene Buchstaben, etwas nach links geneigt – aber es war nicht ihre Handschrift.

Und dann las sie die Worte, die ihre Welt durchschüttelten: „Ich bin deine Schwester."

Ihr Blick blieb an den beigefügten Fotos hängen, von denen ihr eine Vielzahl von Gesichtern unterschiedlichen Alters entgegenblickten. Alle hatten die gleichen weichen, weißblonden Haare wie sie. Ihre Familie. Ihre Ursprungsfamilie. In der einen Minute war sie noch ein Einzelkind gewesen, in der nächsten hatte sie Geschwister.

Die Worte hatten sie zutiefst erschüttert. Tatsächlich hatte sie das Gefühl, als hätte sich der Boden unter ihren Füßen bewegt. Sie hatte nach unten geschaut, um sich davon zu überzeugen, dass das nicht der Fall war. In der einen Hand hielt sie den Brief, und mit der anderen Hand tastete sie nach einem Stuhl. Kraftlos ließ sie sich an einem der kleinen Tische in ihrer Bäckerei nieder und starrte auf die Handschrift, unfähig zu verarbeiten, was sie da vor sich sah. Diese Schrift war ihrer Handschrift so unglaublich ähnlich. Beinahe, als hätte sie den Brief selbst geschrieben.

„Snowy?" Kitty blickte von der Kasse auf, wo sie gerade ein Dutzend Donuts für Mr Simpson abrechnete. „Alles in Ordnung?"

Snowy hatte keine Antwort gegeben. Das war alles zu viel. Der Brief, die auf dem Boden verstreut liegenden Fotos.

„Ist etwas passiert?" Kitty kam hinter der Theke hervor, hob die Fotos auf und setzte sich zu ihr an den Tisch.

Snowy zeigte ihr stumm den Brief.

„Eine Schwester?", fragte Kitty.

„Sie sieht genauso aus wie ich."

Sie betrachteten die Fotos. „Ja, das stimmt."

„Sie hat meine Haare."

„Ja, wirklich."

Snowy seufzte. Auf dem Brief stand eine Telefonnummer. Diese Nummer hatte sie in der vergangenen Woche nicht mehr losgelassen. Sollte sie anrufen?

Ihre Eltern hatten kein Geheimnis darum gemacht, dass sie adoptiert war. Sie hatte es von Anfang an gewusst. Ab und zu war sie versucht gewesen, ihre leibliche Mutter zu suchen. Mit Hilfe des Internets wäre das bestimmt kein Problem gewesen, aber sie hatte immer zu viel zu tun gehabt, und eigentlich hatte sie es auch nie ernsthaft gewollt.

Ab und zu fragte jemand: „Wie fühlt man sich als Adoptivkind?" Sie wusste darauf keine Antwort. Sie hatte keinen Vergleich, ob man sich als leibliches Kind anders fühlte oder wie sie das messen sollte. Sie war erst drei Tage alt gewesen, als sie zu ihren Adoptiveltern kam. Was sie allerdings wusste, war, dass ihr Leben gut verlaufen war, und dass alles ganz anders gekommen wäre, wenn sie nicht die Eltern gehabt hätte, die sie hatte. Und die sie geliebt hatte.

Beide waren bei ihrer Adoption schon älter gewesen. Für Snowy waren sie irgendwie eher Großeltern als Eltern. Doch sie hatten sie geliebt und für sie gesorgt, bis sie alt genug war, um für ihre Eltern zu sorgen. Snowy erinnerte sich noch gut daran, wie stolz sie auf sie gewesen waren, als sie die Konditorlehre abgeschlossen hatte. Nach dem Tod von Mama und Papa hatte sie das alte Haus verkauft und von dem Geld diese Bäckerei eröffnet. Wie wünschte sie sich, ihre Eltern hätten das noch erlebt!

Dieser Brief eröffnete Snowy eine Fülle von Möglichkeiten, die sie in ihrer ganzen Tragweite noch nicht erfassen konnte.

Musik brandete auf und erfüllte die Kirche. Snowy verstaute den Brief wieder in ihrer Handtasche und konzentrierte sich auf die Hochzeit und das, was sie dazu beigetragen hatte: die Hochzeitstorte. Bald würde es so weit sein, die Torte würde angeschnitten. Das war der Augenblick der Wahrheit. So viel Mühe sie sich auch jedes Mal gab – erst wenn die Torte angeschnitten wurde, wusste sie, ob sie gelungen war.

Jede Braut, mit der sie bisher zu tun gehabt hatte, hatte sich eine einzigartige Torte gewünscht. Und Julia wollte Rosen als Verzierung. Einhundert rosa Rosen. Bis spät in der Nacht hatte Snowy in Handarbeit jede einzelne Rose aus Marzipan modelliert. Die Torte bestand aus drei Schichten, und jede Schicht ruhte auf der vorhergehenden.

Jede Torte war ein architektonisches Meisterwerk. Das Gewicht der einzelnen Lagen war zu berücksichtigen, stützende Elemente mussten eingefügt werden, und natürlich musste sie schön anzusehen sein. Die Torten lieferte sie immer selbst aus. In ihren Werken steckte so viel Arbeit, und auf keinen Fall wollte sie riskieren, dass ein unachtsamer Trauzeuge, der vielleicht zu schnell in eine Kurve fuhr, alles ruinierte. Einmal hatte sie mitbekommen, dass ein Brautvater die Hochzeitstorte auf der Ladefläche seines Pickups transportiert hatte. Als er am Ort der Feierlichkeiten ankam, fehlte die oberste Etage, und der Rest war mit Hundehaaren gesprenkelt.

Kitty hatte ihr heute Morgen geholfen, die Torte zusammenzusetzen. Sie hatten sie mit dem Lieferwagen hergebracht und ganz vorsichtig und langsam auf einen Servierwagen gehoben und in den Saal geschoben, in dem der Empfang stattfinden würde. Keine einzige Rose war verloren gegangen!

Die Atmosphäre in der Kirche tat Snowy gut. Wie oft hatte sie zusammen mit Mama und Papa in diesem Raum gesessen.

Sie las sich den Programmablauf durch. Die Bibelstelle sprang ihr ins Auge. *Die Liebe ist geduldig. Die Liebe ist freundlich.* Sie musste an die Liebe ihrer Eltern denken, die sie ihr ganzes Leben lang gespürt hatte.

Die Liebe verhält sich nicht ungehörig.

Dieser Vers brachte sie zum Nachdenken. Was genau war mit „ungehörig" gemeint? Taktlos? Damit konnte sie nämlich etwas anfangen; es beschrieb das Gefühl, was sie bei dem Gedanken hatte, die Telefonnummer auf dem Brief anzurufen. Wäre es Mama und Papa gegenüber nicht … irgendwie ungehörig, wenn sie ihre leibliche Familie kennenlernte? Sie war nicht sicher.

Wollte sie nach all diesen Jahren überhaupt noch eine zweite Familie? Eigentlich nicht. Das Alleinsein gefiel ihr ganz gut. In den frühen Morgenstunden, wenn es noch dunkel war und alle anderen schliefen, ging sie in die Bäckerei und fing an, für den Tag zu backen. Sie schaltete Musik ein und setzte Kaffee auf, dann legte sie ihre Schürze um und fing an. Abmessen. Mischen. Eier aufschlagen. Raspeln. Und wenn dann Kitty eintraf, um den Laden zu öffnen, waren aus den Zutaten wundervolle Backwaren entstanden.

Snowy blickte sich in der Kirche um. Die Trauung schien sich aus irgendeinem Grund zu verzögern. Die Orgel spielte, aber die Hochzeitsgäste saßen mehr oder weniger deutlich irritiert auf ihren Plätzen und warteten darauf, dass irgendetwas passierte.

Vielleicht spielte sich gerade irgendein Drama ab, doch ihre Gedanken kreisten allein um ihr persönliches Problem. Die Leute in der Kirche mussten sich damit abfinden, dass die Trauung eine Viertelstunde später begann, doch sie steckte bereits seit einer Woche in einem Dilemma, und erst, wenn sie eine Entscheidung getroffen hatte, würde sie wieder frei atmen können.

"Ich möchte dich so gern kennenlernen. Ruf mich an! Ich fände es schön, wenn du nach Florida kommen würdest." Marlene, ihre neue Schwester, hatte sogar noch wie eine Zehnjährige hinzugefügt: *"Biiiiitte."*

Snowy schüttelte den Kopf. In der einen Minute war ihr Leben noch ruhig und unkompliziert verlaufen, und in der nächsten hatte sie plötzlich eine Familie, von deren Existenz sie nichts gewusst hatte.

In dem Brief hatte Marlene ihr alles erzählt: Ihre leibliche Mutter war vor einem Monat bei einem Autounfall ums Leben gekommen. Snowy hatte also diese Chance schon verpasst. Ihre Mutter konnte sie nicht mehr kennenlernen. Aber andererseits hatte sich ihre Mutter auch nie für sie interessiert.

Unter den Sachen ihrer Mutter hatte Marlene Snowys Geburtsurkunde gefunden. Daraufhin hatte sie im Internet nach ihr gesucht und war schließlich in einer Verlautbarung der Kirche auf ihren Namen gestoßen. Snowena war ja ein reichlich ungewöhnlicher Name. Sonst wären ihre Bemühungen vermutlich im Sande verlaufen.

Als Baby waren ihre Haare weiß und daunenweich gewesen, und darum hatte ihre Mutter sie so genannt. Damals erschien ihr das eine logische Erklärung. Aber erzählt hatte ihr das niemand. Sie hatte einfach vermutet, dass es so gewesen sein müsste. Es gab so vieles, was sie über ihr frühes Leben und ihre leiblichen Eltern nicht wusste. Für manches hatte sie sich selbst eine Erklärung gesucht.

Marlene schrieb in dem Brief, Snowys Mutter sei erst fünfzehn gewesen, als sie mit ihr schwanger wurde. Sie hatte Snowy zur Adoption freigegeben, später aber den Vater ihres Kindes geheiratet und noch ein zweites Baby bekommen. Dieses Kind war Marlene, ihre leibliche Schwester.

Snowy hatte sich einmal vorgestellt, dass sie möglicherweise Halbgeschwister hatte, und das wäre ja auch durchaus realistisch gewesen. Aber dass sie eine richtige Schwester hatte, damit hätte sie nie gerechnet.

Dass ihre Mutter sie nicht behalten hatte, tat trotz allem weh. Marlene hatte sie nicht weggegeben ... Snowy fühlte sich nachträglich noch missachtet. Ungeliebt. Ein Gefühl, das sie bisher nie gehabt hatte. In der Bibelstelle stand der Satz, der zusammenfasste, was daran sich so falsch anfühlte.

Die Liebe verhält sich nicht ungehörig.

Sein eigenes Kind wegzugeben war irgendwie ... ja, genau, ungehörig. Warum hatte ihre Mutter das getan? Weil sie mit fünfzehn noch zu jung war, um Mutter zu sein, redete sich Snowy ein. Ihr Mitgefühl für das junge schwangere Mädchen wuchs. Das war sicherlich nicht leicht für sie gewesen. Doch der Stachel der Ablehnung saß tief, und der Schmerz, den Snowy empfand, überraschte sie selbst. Wenn sie Marlene anrief, würde der Schmerz vermutlich noch größer werden. Wollte sie das riskieren?

Aus den Augenwinkeln heraus bemerkte sie, dass der Caterer ihr winkte. „Miss Snowy, kommen Sie", flüsterte er. Seine Augen waren weit aufgerissen, und er wirkte irgendwie panisch. „Schnell." Er winkte sie zu sich wie ein Verkehrspolizist.

Leise nahm sie ihre Tasche und schlüpfte aus der Bank. Ihr Herz schlug bis zum Hals. Irgendetwas schien mit der Torte passiert zu sein.

Snowy eilte durch die Tür, den Flur entlang zu dem Saal, in dem die Torte auf dem kleinen runden Tisch thronte.

Verschiedene Möglichkeiten gingen ihr durch den Kopf: Eine Hochzeitstorte machen, das konnte sie. Gedanklich ging sie die verschiedenen Arbeitsschritte noch einmal durch. Sie hatte Stützen in die Schichten eingefügt, die das Gewicht der oberen Schichten tragen würden. Manche Konditoren, vor allem Anfänger, unterschätzten das Gewicht der verschiedenen Ebenen und das, was die unteren Schichten aushalten mussten. Ihre Torte konnte das Gewicht tragen.

Der Tisch war ebenfalls stabil genug für die Torte. Ein weiterer Fehler, der einem Konditor manchmal unterlief: Die Torte wurde auf einen Tisch gestellt, der unter dem Gewicht wackelte oder gar zusammenbrach. Man stelle sich nur vor: Der Empfang beginnt und die Torte liegt auf dem Boden. In dem Saal war es auch nicht zu warm, sodass die Sahne weich geworden wäre.

Also, was war geschehen? Im Laufschritt eilte sie durch den Flur.

Eine kleine Gruppe stand um die Torte herum. Die oberste Schicht war zu sehen. Die Torte stand also noch. Das war gut.

Die Gruppe teilte sich und machte ihr Platz. Eine Mutter mit einer Wickeltasche über der Schulter rang die Hände. „Es tut mir so leid", sagte sie. „Ich habe die ganze Zeit so gut aufgepasst … und dann, nur in drei Sekunden …"

Ihr kleiner Sohn stand mit hängendem Kopf und gesenktem Blick neben ihr. Als er zu Snowy hochschaute, entdeckte sie das rosa Marzipan in seinem Gesicht.

Sie begutachtete rasch die Torte. Ja, da vorne war eine große Kerbe und der Kleine hatte fünf Rosen aus der Mitte stibitzt. Die Mutter war kurz davor, in Tränen auszubrechen.

„Das ist nicht so schlimm", beruhigte Snowy sie. „Ich bin die Konditorin. Ich kann das in Ordnung bringen."

Die Frau atmete erleichtert auf. „Wirklich?"

„Ja, ich habe schon Schlimmeres erlebt." Snowy griff schnell in ihre mitgebrachte Tasche und holte das rosa Ersatz-Marzipan heraus. „Ich bin immer auf Reparaturen vorbereitet."

Die Frau und ihr Sohn verließen den Saal, und Snowy modellierte schnell einige neue Rosen. Dann flickte sie die Lücke und setzte die Rosen darauf.

„Kommen Sie bitte mal?", rief Snowy dem jungen Caterer zu, und gemeinsam drehten sie vorsichtig den Tisch um, sodass die reparierte Stelle an der Wand stand.

Snowy atmete auf. Die Katastrophe war abgewendet! „Danke",

sagte sie, als auch der junge Mann einen Seufzer der Erleichterung ausstieß.

Snowy setzte sich auf einen Klappstuhl und betrachtete ihre Torte.

Sie musste lachen. Wenn sie ihr Leben nur genauso schnell und reibungslos in Ordnung bringen könnte, wie sie gerade die Torte repariert hatte. Aber ein wenig Marzipan würde nicht reichen, um das Loch zuzustopfen, das der Brief in ihr Herz gerissen hatte.

„Was soll ich nur tun, Gott?", betete sie still für sich.

Im Augenblick gab es keine dringenden Angelegenheiten zu erledigen. Sie fühlte sich sicher. Ihr Leben war gut. Sie liebte ihre Arbeit und ihr Leben. Sie dachte an all die Menschen in ihrem Leben, die ihr Liebe gezeigt hatten: Mama und Papa hatten sie als Baby aufgenommen, sie großgezogen und geliebt. Ihr Konditormeister Claude in der Schule hatte ihr geduldig all die Fertigkeiten beigebracht, die sie brauchte, um Erfolg zu haben. Ihre Freunde und Angestellten … Gott hatte sie wirklich sehr gesegnet.

War diese neue Entwicklung vielleicht auch ein Segen? Doch eine Familie brachte immer auch Komplikationen mit sich.

„Wem soll ich mich zuwenden, Gott?", fragte sie.

Keine Antwort.

Marlene?

„Hilf mir, Gott", betete sie. „Hilf mir zu verstehen."

Vielleicht braucht sie dich. Ungebeten schlichen sich diese Worte in ihre Gedanken ein.

Das war ein ganz neuer Aspekt. Sie hatte sich auf ihre eigenen Gefühle konzentriert und versucht nachzuempfinden, was ihre leibliche Mutter wohl durchgemacht hatte und warum sie sich dazu entschlossen hatte, sie zur Adoption freizugeben. Aber Marlene hatte sie ganz außer Acht gelassen.

Die Liebe verhält sich nicht ungehörig.
Der Vers auf dem Programmheft war eine Aufforderung an sie, die sie nicht richtig erfassen konnte.
Gott liebt alle Menschen. Jeder Einzelne ist ihm wichtig, ich selbst, Mama und Papa und auch Marlene. Auch sie war wertvoll. Auch sie hatte ihre Mutter verloren. Vielleicht war auch sie total verwirrt von dieser neuen Entwicklung. Die Liebe holte Menschen häufig aus ihrer Bequemlichkeit heraus. Vielleicht sollte Snowy jetzt einmal nicht an sich, sondern an andere denken. Der Brief war ein Anstoß, ihr Herz zu öffnen und möglichen Schmerz, vielleicht aber auch Liebe zu riskieren.

Eine Familie war etwas Besonderes. Marlene war ihre Schwester, trotz allem, was sich in ihrem Leben ereignet hatte.

In der Lehre hatte sie gelernt, Respekt vor ihren Zutaten zu haben. Sie kaufte nur das Beste, die frischesten Sachen. Jeden Tag lief sie über den Markt und wählte sorgfältig ihre Zitronen und Himbeeren aus. Und beim Backen war auch Zeit ein wichtiger Faktor. Der Teig brauchte Zeit, um zu gehen, damit die Hefe ihre Aufgabe erfüllen konnte und die Brotlaibe locker wurden. Die Kräuter und Gewürze brauchten Zeit, um ihren vollen Geschmack zu entfalten.

Traf das auch auf eine Familie zu? Jedes Familienmitglied war eine einzigartige Zutat, und im Verbund wurde etwas ganz Einzigartiges daraus. Jede Zutat hatte ihren Wert, jede Zutat brachte ihren eigenen Geschmack ein. Was war wohl Snowys besonderer Platz in diesem Ensemble? Wenn sie das Risiko nicht einging, würde sie es nie erfahren.

Ja, sie würde ihr Herz für Marlene öffnen. Sie würde annehmen, was Gott ihr schenken würde. Und dass er bei ihr war, darauf konnte sie sich fest verlassen.

„Danke, Gott", flüsterte sie.
Die Liebe verhält sich nicht ungehörig.
Es war an der Zeit, auf ihre Schwester zuzugehen. Sie würde den Anruf nicht mehr länger aufschieben.

Kapitel 7

Die Liebe verliert nie die Beherrschung

„Das war so klar. Ich hätte es ahnen müssen", ereiferte sich Cynthia, das Handy am Ohr. „Diese Braut erschien mir von Anfang an ein wenig sprunghaft. Und jetzt das! Was soll ich nur machen? Die Angehörigen haben ihre Plätze bereits eingenommen. Die Brautjungfern stehen bereit. Alle warten auf die Braut. Die Braut! Und sie ist nicht da. Ich stehe hier im Vestibül … ohne Braut!!"

Es folgte eine Pause, während Cynthia zuhörte.

„Ich weiß", sagte sie dann. „Ich gebe ihr noch zwei Minuten." Sie warf einen Blick auf die Uhr. „Dann gehe ich in ihr Ankleidezimmer und zerre sie nach draußen. Bereit oder nicht, es reicht. Ich werde sie notfalls an den Haaren in die Kirche schleifen."

Wieder hörte sie zu.

„Du hast ja Recht, aber ich bin einfach so frustriert! Ich trage die Verantwortung für die Hochzeit, und in den zehn Jahren, in denen ich nun schon als Hochzeitsplanerin arbeite, hat es noch nie eine Panne gegeben. Nicht einmal eine kleine Störung. Nicht die kleinste. Na gut, da war die Traukerze, die nicht brennen wollte, und einmal ein Organist, der die Orgel eher malträtiert als gespielt hat, oder der Trauzeuge, der sich übergeben musste. Also ehrlich, man kann doch einfach sagen, wenn man krank ist. Um Himmels willen, ich kann nicht begreifen, warum die Leute nicht einfach … Moment mal."

Cynthia funkelte den jungen Assistenten des Caterers an, der vor ihr stand und nervös mit seinen Schürzenbändern spielte. „Ja? Was ist?"

„Wir möchten gern wissen, ob sich der Empfang verzögert. Wir haben kleine Würstchen in Dijonsenf im Ofen. Sie werden aufplatzen."

Cynthia hob in einer Geste der Verzweiflung die Hände.

„Vielleicht möchten Sie ja die Braut holen. Gehen Sie doch zum Brautzimmer und sagen Sie ihr, sie soll ihren süßen kleinen ..." Sie hielt inne. „Ach, was soll's. Sagen Sie dem Caterer die Wahrheit. Ich habe keine Ahnung, wann die Trauung beginnt und ob sie überhaupt stattfindet."

Der Assistent zögerte einen Augenblick. Er schien auf weitere Informationen zu hoffen, doch dann trollte er sich, um die schlechte Nachricht zu überbringen.

„Tssss", stöhnte Cynthia ins Telefon. „Und wenn sie gar nicht erscheint? Bei einem Workshop für Hochzeitsplaner, den ich einmal besucht habe, wurde dieses Thema angeschnitten." Und nicht nur dabei, aber das würde sie ganz bestimmt niemandem erzählen.

Cynthia durchforstete ihr Gedächtnis nach der empfohlenen Vorgehensweise, die sie hoffte, nicht anwenden zu müssen. Sie erinnerte sich an das, was der Moderator erklärt hatte: Falls, was der Himmel verhüten möge, die Trauung in letzter Sekunde platzte und die Gäste bereits auf ihren Plätzen säßen, solle man von hinten in aller Ruhe sagen: „Meine Damen und Herren, es tut mir leid, Ihnen sagen zu müssen, dass die Trauung heute nicht stattfinden wird." Man solle nicht nach vorn gehen, sondern die Erklärung von hinten abgeben. Und keinerlei zusätzliche Informationen liefern, nur dieses kurze Statement.

„Das ist abgedeckt", erklärte sie. „Ich hasse es, wenn nicht alles nach Plan läuft. Ich hasse das einfach." Sie hörte zu. „Ja, ich weiß."

Dann beendete sie das Gespräch und steckte ihr Handy wieder weg. Hochzeitsplanerin war der schlimmste Beruf der Welt. Warum nur hatte sie ihn sich ausgesucht?

Sie wandte ihre Aufmerksamkeit dem Programmheft in ihrer Hand zu. Im DIN A5-Format, aufklappbar, auf elfenbeinfarbenem Papier, das mit den meisten Druckern kompatibel war. Eine sehr ökonomische Wahl.

17:00 Uhr – Beginn der Trauung, die Zeile im Programmablauf sprang sie richtiggehend an. Sie verdrehte die Augen. So viel zu 17:00 Uhr. Sie überflog den Rest des Programms. Die Schriftlesung aus dem ersten Korintherbrief war relativ beliebt. Diese Stelle, oder Ruth, Kapitel 1, oder Epheser, Kapitel 5. Das Hohelied der Liebe war schön, sicher, aber auch sehr anspruchsvoll. Die Definition der Liebe, die niemand erreichen konnte. Es war der Wunsch der Braut gewesen, alle Verse im Programmheft abzudrucken. Wenigstens *eine* gute Entscheidung hatte sie getroffen.

Die Liebe ist geduldig. Die Liebe ist freundlich.

Ja, ja, dachte sie, *das sind aber nur schöne Worte auf einem Blatt Papier. Gib mir etwas, das mir hilft, Gott. Etwas Greifbares.* Mit gerunzelter Stirn schickte sie das stumme Gebet zur Decke.

Nichts.

Dann las sie die nächste Zeile: *Die Liebe verliert nie die Beherrschung.*

Oooh! Bei diesem Vers wurde sie schon wieder wütend. Sie spürte, wie sich ihr Gesicht rötete, und sofort fiel ihr die Warnung ihres Arztes ein: „Sie müssen auf Ihren Blutdruck achten. Haben Sie viel Stress?"

Schon allein beim Gedanken kochte die Aufregung in ihr hoch. Natürlich hatte sie Stress. Natürlich war sie zornig!

Die Liebe verliert nie die Beherrschung. Sie atmete ein paar Mal durch.

Die Liebe verliert nie die Beherrschung. Hieß das im Umkehrschluss, dass sie nicht liebevoll war? Diese Vorstellung regte sie noch mehr auf.

Sie zog ihren schmalen dunkelblauen Rock gerade und die passende Jacke herunter. Entschlossen steckte sie die schwarzen Strähnen fest, die sich immer aus ihrem Pferdeschwanz lösten. So, jetzt hatte sie das Gefühl, wieder mehr Kontrolle zu haben.

Atmen. Die Tipps aus ihrer Selbsthilfegruppe zur Aggressionsbewältigung fielen ihr ein. Bei dem Gedanken an diese Gruppe kam allerdings die Wut schon wieder hoch.

Begonnen hatte es im vergangenen Monat mit einem Verkehrsdelikt. Sie hatte vollkommen die Beherrschung verloren, und das zu Recht: Ein anderer Fahrer hatte sie auf der Straße geschnitten. Er war an ihr vorbeigerauscht, als wäre er der König der Welt. Ihm hinterherzufahren, bei der Ampel auszusteigen und gegen sein Seitenfenster zu schlagen war ihr gutes Recht gewesen. Sie erinnerte sich noch an sein erschrockenes Gesicht.

„Das geschieht Ihnen recht!", hatte sie geschrien. „Passen Sie gefälligst auf, wie Sie fahren!"

Den Polizisten, der gerade die Kreuzung überquerte, hatte sie erst später bemerkt.

„Gut", hatte sie gesagt, „endlich bekommt mal jemand, was er verdient!" Sie funkelte den überraschten Fahrer wütend an.

Sie hatte darauf gewartet, dass der Polizist dem Mann einen Strafzettel verpasste, doch als die Ampel umschaltete, machte er dem Fahrer ein Zeichen, er solle weiterfahren. Der Verkehr setzte sich um ihren Wagen herum in Bewegung.

Der Polizist wandte sich an sie. „Zeigen Sie mir bitte Ihren Führerschein, Madam."

„Was?! Wieso? Was soll das?"

„Beruhigen Sie sich, Madam."

„Dieser Fahrer hat mich geschnitten."

„Sie behindern den Verkehr, Madam, und blockieren eine Kreuzung."

Er notierte sich ihre Daten auf einem kleinen Block.

„Aber … !"

„Beruhigen Sie sich, Madam, sonst muss ich Sie mitnehmen."

Daraufhin atmete sie einmal tief durch, und langsam dämmerte ihr, was hier gerade passierte: Sie stand kurz vor einer Verhaftung.

Ohne weitere Einwände hatte sie die Strafe bezahlt, und der Richter hatte von ihr verlangt, acht Wochen lang jeden Mittwochabend an dieser Aggressionsbewältigungsgruppe teilzunehmen.

Die Erinnerung machte sie wütend.

Die Liebe verliert nie die Beherrschung.

Nein. Das waren nur schöne Worte, rief sie sich in Erinnerung. Unerreichbar. Das hatte nichts mit dem realen Leben und mit realen Menschen zu tun.

Sie schüttelte den Kopf. Es war ja nicht so, dass sie ständig die Beherrschung verlor. Sie wurde nur wütend, wenn nicht alles rund lief. Obwohl sie mittlerweile den Eindruck hatte, als würde in letzter Zeit immer häufiger nicht alles rund laufen. Warum konnte nicht einfach alles perfekt sein?

Sie war nicht immer so gewesen.

Es hatte bei ihrer eigenen Hochzeit begonnen … oder bei dem, was ihre Hochzeit hätte sein sollen. Wut stieg in ihr hoch, als sie sich an das Probeessen erinnerte, bei dem sich die Blicke ihrer besten Freundin mit denen des Bräutigams trafen. Sie hatte hemmungslos mit Cynthias Zukünftigem geflirtet und ihn ihr dann ausgespannt.

Die Hochzeit wurde abgesagt. Keine Hochzeit für Cynthia. Eine Freundin von ihr hatte den Gästen am Eingang der Kirche mitgeteilt: „Meine Damen und Herren, es tut mir leid, aber die Trauung wird heute nicht stattfinden." Genau wie es die Etikette verlangte. Und jetzt würde sie diesen Alptraum noch einmal durchleben müssen. Zwar war sie diesmal nur die Überbringerin der schlechten Nachrichten, doch es fühlte sich kaum besser an als damals.

Sie starrte auf das mittlerweile zerknitterte Programmheft in ihrer Hand. *Atme*, ermahnte sie sich. Viele Jahre waren seither vergangen. *Atme*.

Aber es war so unfair. Sie hatte Johnny zuerst gefunden. Sie hatte ihn an jenem Abend zu der Party mitgebracht. Sie hatte ihn zuerst geliebt. Sie war diejenige gewesen, die mit ihm die Hochzeit geplant hatte. Er gehörte ihr … bis er ihre beste Freundin kennenlernte. Ihre beste Exfreundin!

Sie atmete ein paar Mal tief durch und sah auf ihre Uhr. Es war soweit. Sie musste etwas unternehmen.

Entschlossen eilte sie durch den Flur. Ihr Gesicht brannte, und ihr Herz raste. *Liebe verliert nie die Beherrschung.* Wieder dieser Satz. Mitten im Flur blieb sie stehen und atmete noch einmal tief durch. Wie lange loderte dieser Zorn schon in ihr? Sie konnte sich nicht mehr daran erinnern, einmal nicht zornig reagiert zu haben. Ihr Leben schien eine einzige lange Schimpftirade gewesen zu sein. Ihre Mitarbeiter hielten es nicht lange bei ihr aus. Ein paar Monate höchstens, dann reichten sie die Kündigung ein. Ihre Bekannten fanden häufig Ausreden, wenn sie ein Treffen vorschlug, was sie umso wütender machte. Und mittlerweile hatte sie gar keine richtigen Freunde mehr.

Der Zorn war wie ein Ungeheuer, das ihr Leben in Besitz genommen hatte und nun kontrollierte.

Früher einmal war sie ein fröhlicher und lebenslustiger Mensch gewesen. Sie wurde gern zu Festen und Ausflügen eingeladen und sogar um Hilfe in Krisensituationen gebeten. Sie war eine gute

Freundin. Das Leben war schön und sinnerfüllt gewesen. Wie sehr wünschte sie sich dieses Leben zurück. Sie wollte lieben und geliebt werden – nicht nur tüchtig und erfolgreich sein. Sie wünschte sich einen Mann, den sie lieben konnte, eine Familie … enge Freunde und fröhliche Mitarbeiter.

Die Liebe verliert nie die Beherrschung. Ja, das hatte sie verstanden. Aber dieses Ungeheuer, der Zorn, hatte die Macht über sie übernommen, und wo der Zorn regierte, gab es keine Liebe. Wie sollte sie das Monster loswerden?

In der Kühle des Flurs dachte sie an die Worte auf dem Programmheft. Vielleicht waren sie ja doch von Gott. Und an sie gerichtet. Ganz bewusst drückte sie den Zorn weg, um sich konzentrieren zu können. Wieder atmete sie ein paar Mal tief durch.

Die Liebe verliert nie die Beherrschung. Bei der Vorstellung, diese Worte könnten von Gott kommen, baute sich die rote Wand wieder in ihr auf, und ihr kam die Erkenntnis, dass sie vor allem zornig auf Gott war.

Als Kind in der Sonntagsschule hatte sie Lieder von Jesus gesungen und von seiner Liebe gehört. Sie hatte das alles sehr gemocht, aber war es real? Wenn Gott sie wirklich lieben würde, warum hatte Johnny sie dann wegen einer anderen verlassen? Wenn Gott sie wirklich lieben würde, warum hatte er ihr dann nicht den Mann gegönnt, den sie sich so sehr wünschte? Warum hatte er einen so unerreichbar hohen Anspruch an die Menschen, wie er im 1. Korintherbrief festgehalten war? Niemand konnte so perfekt lieben. Sie *wollte* doch nicht die Beherrschung verlieren, aber sie konnte nicht anders. Wenn sie ihre Gefühle unterdrückte, explodierte sie hinterher nur umso schlimmer. Dass Gott ihr diese Schwäche jetzt noch so aufs Brot schmierte, war Salz in ihren Wunden. Sie fand aus dem Wirrwarr ihrer Emotionen nicht mehr heraus.

„Zorn ist eine sekundäre Emotion", hatte ihre Gruppenleiterin gesagt. „Er ist eine Reaktion auf ein anderes Gefühl, zum Beispiel Furcht oder Schmerz."

Sie hielt einen Augenblick inne und atmete mehrmals ganz bewusst tief durch.

War es Furcht? Hatte sie vor etwas Angst? In ihrem Leben hatte sie immer möglichst alles unter Kontrolle gehabt. Sie liebte es, die Kontrolle zu haben. Und wenn sie sie einmal nicht hatte, fühlte sie sich unsicher.

Sie hatte auch aufgehört zu lieben.

Wenn die Leute in ihrer Gruppe über ihren Zorn sprachen, spürte sie die Bitterkeit in ihren Worten. Wenn sie selbst über ihren Zorn sprach, dann nahm sie die Bitterkeit in ihrer eigenen Stimme wahr. Sie hasste das.

Die Liebe verliert nie die Beherrschung. Plötzlich kam ihr ein neuer Gedanke: Vielleicht war das gar nicht der Anspruch, den Gott an sie stellte, sondern ein Angebot? Vielleicht war Gott größer als das Ungeheuer Zorn. Gott ist die Liebe, so hatte sie es in der Sonntagsschule gelernt. Und wenn er seiner eigenen Definition von Liebe gerecht wurde, wie sie im 1. Korintherbrief stand ...

Vielleicht sollte sie es einmal mit dem Beten probieren. Sie betete kaum einmal, außer vielleicht gelegentliche oberflächliche Stoßgebete. Als Kind hatte sie jeden Abend vor dem Zubettgehen ein Nachtgebet gesprochen: *Müde bin ich, geh' zur Ruh ...* Das war einfach und nur ein Kindervers. So etwas konnte sie ja jetzt nicht mehr beten. Sie kam sich töricht vor. Aber vielleicht war es einen Versuch wert. Vielleicht sollte sie wirklich einmal mit Gott reden. Ganz persönlich. Ganz offen.

„Gott", flüsterte sie. „Hilf mir. Ich kann nicht mehr länger gegen diesen Zorn ankämpfen."

Nichts geschah.

Sie zuckte die Achseln. Nun ja. Was hatte sie denn erwartet? Das Große Halleluja? Sie lachte leise in sich hinein.

„Also gut, Gott, ich gebe es zu: Ich bin wütend auf dich." Als sie diese Worte ausgesprochen hatte, war es, als würde in ihr ein Damm brechen. „Hilf mir", betete sie weiter. „Ich will mich nicht mehr so fühlen. Ich will nicht mehr zornig sein."

Unwillkürlich grinste sie in sich hinein. Sie redete doch tatsächlich mit Gott, führte ein Gespräch mit ihm wie mit jeder anderen Person … nur dass er ihr nicht antwortete. Achselzuckend konzentrierte sie sich wieder auf ihre anstehenden Probleme mit der Hochzeit.

Entschlossen setzte sie ihren Weg zum Brautzimmer fort. Der Caterer fiel ihr ein. Er musste das Essen auf den Punkt zubereiten, damit es nicht austrocknete oder durchweichte und die Würstchen nicht verschrumpelten. Der Caterer wollte gute Arbeit leisten. Er baute sein Geschäft gerade erst auf; dies war einer seiner ersten Aufträge, und die Qualität seiner Arbeit war ihm wichtig. Dafür hatte Cynthia Verständnis. Sie eilte zur Küche.

Der Caterer stand an seinem Arbeitstisch und starrte ratlos auf die Spargelröllchen. Sein Assistent stand neben ihm und sah ebenso paralysiert aus. Beinahe hätte man denken können, sie warteten darauf, dass die Röllchen sich aufrichteten und einen kleinen Tanz vollführten.

„Wir überlegen gerade, ob es noch zu früh ist, sie aufzuschneiden", erklärte er. „Wir möchten nicht, dass sie austrocknen. Aber wir wissen ja nicht, wie lange es noch dauern wird."

Ganz überraschend empfand Cynthia Mitgefühl mit dem jungen Geschäftsmann. „Ich würde noch warten", riet sie ihm. „Die Braut ist noch nicht einmal im Vestibül. Geben Sie mir doch Ihre Handynummer. Ich schicke Ihnen eine SMS, sobald sie zum Altar schreitet. Dann bleibt Ihnen genügend Zeit, alles fertig zu machen."

„Oh, würden Sie das tun?", fragte er offensichtlich erleichtert. „Das wäre sehr nett. Ich möchte für Julia gute Arbeit leisten."

Cynthia verließ die Küche und ging weiter zum Brautzimmer. Eine angenehme Wärme erfüllte sie. Es tat ihr gut, dem jungen Caterer zu helfen. Sie nahm sich vor, ihn für andere Aufträge zu empfehlen.

Plötzlich dachte sie an die Brautjungfer, die bei der Probe so verloren gewirkt hatte. Sie würde sie beim Empfang ansprechen und ein paar Leuten vorstellen. Und der Vater der Braut wirkte sehr nervös. Sie würde auch auf ihn zugehen. Dem Quartett würde sie ein Kompliment machen. Die vier Frauen hatten nach den anfänglichen Schwierigkeiten vorhin wirklich toll geklungen.

Während sie durch den Flur eilte, wurden ihre Schritte leichter. Sie fühlte sich großartig. Und nicht zornig. Abrupt blieb sie stehen und dachte über ihr Gebet nach. Sie hatte Gott gebeten, ihr aus ihrem Zorn zu helfen, und jetzt war er tatsächlich fort. War das eine Folge des Gebetes?

Und wieder wanderten ihre Gedanken zurück zu Johnny und ihrer gemeinsamen Zeit. Auch in ihm hatte ein ständiger Zorn gebrodelt, und in seiner Nähe hatte sie sich eigentlich nie wirklich entspannen können. Immer war sie bemüht gewesen, ihm zu gefallen, aber gelungen war ihr das nie. Und wenn da auf dem Programmheft stand, dass Liebe nicht die Beherrschung verliert, dann sah sie Johnny vor sich. In ihrer Beziehung hatte sie ständig Angst gehabt und war auf der Hut gewesen. Vielleicht war es letztlich doch ganz gut, dass sie nicht geheiratet hatten. Dieser Gedanke verblüffte sie und gab ihr Frieden.

„Danke, Gott", betete sie, und sie erkannte, dass sie im Moment überhaupt nicht zornig war.

Wenn sie Johnny nicht kennengelernt und ihre eigene Hochzeit geplant hätte, dann hätte sie vielleicht niemals ihren Traumjob gefunden und würde jetzt nicht die Hochzeiten anderer vorbereiten. So sehr sie auch immer klagte, sie liebte ihren Job aus tiefstem Herzen.

Vielleicht erhörte Gott ja doch Gebete. *Und so schnell*, dachte sie. Immer mehr Menschen fielen ihr ein, denen sie mit Liebe begegnen könnte: Dem Organisten. Dem Pastor. Den Gästen. In ihrem Leben gab es unendlich viele Menschen, denen sie Liebe zeigen könnte. Bei jeder Hochzeit traten Komplikationen auf, und jede Braut und jeder Bräutigam hatten ihre Bedürfnisse. Sie war in der einzigartigen Position, Menschen in einer Situation, in der die Nerven blank lagen und die Emotionen hochschlugen, mit Liebe und Freundlichkeit zu begegnen.

Aber jetzt musste sie erst einmal die Braut finden und dafür sorgen, dass die Trauung endlich beginnen konnte.

Von der Küche eilte sie in die Kirche zurück, wo die Orgel immer noch spielte. Höchste Zeit, der Ursache für die Verzögerung auf den Grund zu gehen. Wo steckte die Braut? Warum kam sie nicht?

Während sie durch den Flur lief, schaute sie noch in einigen anderen Räumen nach. Keine Braut.

Bald würde sie entscheiden müssen, ob die Hochzeit abgesagt und die Gäste entlassen werden mussten.

Kapitel 8

Die Liebe ist nicht nachtragend

Gertie blickte zu Sam hinüber. Sein Mund stand einen Spalt offen, und ein kleiner Tropfen Speichel hing an seiner Unterlippe.
Er schlief! Er schlief doch tatsächlich in der Kirche!

Auf dem Weg zur Kirche hatte sie einen Fleck auf seinem Hemd entdeckt, und jetzt fiel ihr auf, dass er beim Rasieren an der Wange eine Stelle übersehen hatte. Das Licht in der Kirche schien die Stoppelinsel absichtlich hervorzuheben.

Ganz bewusst versuchte sie sich wieder auf die Orgelmusik zu konzentrieren und schloss die Augen. Die Musik strich über sie hinweg wie eine sanfte Brise. Sie liebte ihre Kirche, und für sie war es ein Genuss, in dem wunderschönen Raum zu sitzen und der Musik zu lauschen. Besonders gern hörte sie die alten Heilslieder. Jetzt wurde eine Melodie gespielt, die sie erkannte. Sie atmete tief durch und konzentrierte sich auf das Lied.

Ein lautes Schnorcheln riss sie aus ihrer Andacht.

Das kam von Sam. Das machte er immer, wenn er schlief. Sie spürte, wie Zorn in ihr hochstieg. Nein, sie würde sich diesen heiligen Augenblick nicht von ihm verderben lassen. Trotzig schloss sie die Augen und konzentrierte sich ...

Wieder dieses Schnauben. Sam!

Wie sollte sie sich der Musik hingeben, wenn er neben ihr saß und schnarchte? Sie öffnete ihre Handtasche, nahm ihr Notizbuch heraus und klappte es auf.

14. Schläft bei wichtigen Ereignissen ein, schrieb sie in ihrer ordentlichen Schrift.
15. Schnarcht!
Erneut sah sie zu ihm hinüber und schüttelte den Kopf. Sie hatte Taschentücher dabei. Sie könnte einfach eins herausholen und seine Unterlippe abtupfen. Stattdessen wandte sie sich ihrer Liste zu und notierte:
16. Sabbert.
Gerties Liste umfasste sechzehn Punkte – und das waren nur die Dinge, die Sam seit heute Morgen verkehrt gemacht hatte!
1. Er hat das Kreuzworträtsel ohne mich gelöst.
Das war unverzeihlich. Er wusste doch, wie sehr sie Kreuzworträtsel liebte. Ach, all die Wörter, die sie hätte finden können.

Sie hatte ihren Hund nach draußen geschickt, um die Zeitung zu holen, was er treu jeden Morgen tat. Wie immer hatte sie ihn mit einem Leckerli belohnt und die Zeitung auf die Küchentheke gelegt. Anschließend hatte sie den Kaffee aufgesetzt. Und auf einmal war ihr eingefallen, dass sie am Vortag vergessen hatte, die Post zu holen, und als sie vom Briefkasten zurückkehrte, musste sie feststellen, dass das ganze Rätsel bereits gelöst war. Sam hatte ihr nicht ein einziges Wort übrig gelassen. Normalerweise war er nicht so schnell, aber heute war es ihm irgendwie gelungen, jedes Wort zu finden, während sie zum Briefkasten am Ende ihrer Auffahrt und wieder zurückgegangen war. Sie hätte nicht bei den Petunien stehenbleiben sollen, die den Kopf hängen ließen.

2. Er hat seinen Schlafanzug auf dem Boden liegen gelassen ... schon wieder!
3. Beim Mittagessen hat er geschmatzt.
4. (Das war das Schlimmste und Bestürzendste von allen.) *Seine Listen!*
Sam hatte viele, viele Listen. Was im Supermarkt eingekauft werden sollte. Welche Arbeiten sie jeden Tag erledigen sollte. Er erdreistete sich doch tatsächlich, Aufgabenlisten für *sie* zu

schreiben. Welche Kleidungsstücke in die Reinigung gebracht werden sollten. Er notierte sogar, wem sie im Supermarkt begegnet waren.

Zu Beginn ihrer Ehe hatte es so etwas nicht gegeben, zumindest erinnerte sie sich nicht daran. Sie waren sehr glücklich gewesen. Da war ihre Hochzeit, die recht einfach gewesen war im Vergleich zu den aufwändigen Feiern in der heutigen Zeit. Dann die kurzen Flitterwochen in Myrtle Beach. Sie hatten in einem Hotel in der zweiten Reihe gewohnt. Das Meer konnten sie von ihrem Zimmer aus nicht sehen. Und sie hatten in billigen Restaurants frittierte Shrimps gegessen und Minigolf gespielt und eine wundervolle Zeit verlebt.

Über die Jahre hinweg hatten sie gut zusammengearbeitet, gemeinsame Ziele verfolgt, das Haus abgezahlt und ihr einziges Kind Samantha groß gezogen. Gertie war für den Haushalt zuständig, und wenn Sam nach Hause kam, stand immer Essen auf dem Tisch, was er sehr zu schätzen schien. Sam hatte in seiner Zahnarztpraxis gearbeitet, Zahnfüllungen gemacht und sich die Probleme seiner Patienten angehört.

Jeder hatte seinen Zuständigkeitsbereich gehabt. Sie hatte ihr Leben zu Hause und er seine Praxis. Und sie hatten ein wundervolles Leben zusammen geführt.

Gertie hatte nie einen Beruf ausgeübt, sondern Sam den Rücken freigehalten. Sie machte den Haushalt und kochte und kümmerte sich um Samantha. Diese Zeit, in der Samantha klein gewesen war, erschien ihr jetzt wie ein Traum. In dieser Zeit hatte ihr Leben noch einen Sinn gehabt. Es hatte ihr so viel Spaß gemacht, mit ihrer Tochter zu spielen. Sie liebte es, die Mahlzeiten zu planen und zu überlegen, womit sie Sam zum Abendessen eine Freude machen könnte. Immer wieder hatte sie ihn mit Variationen seiner Lieblingsgerichte überrascht: Hackbraten, Sahnemais und Makkaroni mit Käse.

Wie schön war es immer gewesen, wenn Sam abends aus der Praxis nach Hause kam. Sie hörte die Garagentür, und ihr Herz machte vor Glück einen Satz – er war zu Hause. Das Abendessen stand auf dem Tisch. Das Haus war sauber und aufgeräumt. Sie legte eine ihrer geliebten Jazzplatten auf, Miles Davis oder Ella Fitzgerald oder Louis Armstrong. Sie beide liebten besonders die Trompetenstücke.

Sam kam immer pfeifend zur Tür herein, warf seinen Hut auf den Tisch und streckte die Arme nach ihr aus. Diese Umarmung hatte ihr Sicherheit gegeben, sie war eine Anerkennung von allem, was sie geleistet hatte und was sie war.

Und dann setzte er sich mit ihr hin und erzählte ihr von seinem Tag. Die kleinen Geschichten von den Menschen, die zu ihm kamen. Seine Patienten bedeuteten ihm sehr viel.

Wann hatte er mit diesen ärgerlichen Angewohnheiten angefangen?

Im vergangenen Monat, beantwortete sie ihre eigene Frage, *als er in den Ruhestand gegangen ist.*

Sie hatten beide nicht gewollt, dass er in den Ruhestand ging, doch sein kaputter Rücken hatte ihm keine andere Wahl gelassen. Auf Anraten seines Arztes hatte er schließlich diese Entscheidung getroffen. Es schien das Richtige zu sein.

Sam hatte nie Hobbys gepflegt wie andere Männer aus ihrem Bekanntenkreis. Als Clive Barton in den Ruhestand ging, begann er, in seiner Werkstatt im Keller mit Holz zu arbeiten. Jetzt besuchten er und seine Frau Flohmärkte und verkauften seine Schalen und Honiglöffel. Oder Sal Simon. Er und seine Frau hatten Golf für sich entdeckt, und jetzt spielten sie drei Mal in der

Woche. Gertie war ihnen neulich im Supermarkt begegnet. Beide trugen sportliche Golfkleidung. Ihr Anblick gab ihr das Gefühl, alt und verbraucht zu sein.

Dann kam also die Pensionierung. Jetzt war alles anders. Angefangen hatte es an Sams erstem Tag zu Hause. Sie hatte die Möbel im Wohnzimmer abgestaubt, das Zitronenöl auf die Oberflächen gesprüht und nachgewischt. Sie liebte Staubwischen. Als sie aufblickte, hatte Sam stirnrunzelnd in der Tür gestanden.

„Was ist los?", hatte sie gefragt.

„Nichts."

„Nichts? Wieso runzelst du dann die Stirn?"

„Na ja."

„Was denn, na ja?"

„Na ja, es ist nur so … du könntest etwas weniger Spray benutzen, denke ich."

Er hatte ihr das Spray aus der Hand genommen. „Siehst du?", sagte er voller Begeisterung. „Wenn du das Zitronenöl auf das Tuch sprühst", und er demonstrierte es, „dann brauchst du nicht so viel, und du arbeitest viel effizienter!"

Mit großer Geste gab er ihr das Staubtuch und das Spray zurück. „Und jetzt versuch du es!"

Das hatte ihr die Sprache verschlagen. Vierzig Jahre lang hatte sie ohne den kleinsten Zwischenfall die Möbel im Wohnzimmer abgestaubt, und nun … Da hatte sie es das erste Mal gespürt: Verärgerung. Bitterkeit. Irgendetwas hatte sich eingeschlichen und ihr den Tag verdorben. Etwas, das nicht gut war.

Es blieb nicht bei diesem einen Vorfall. Auf einmal war Sam auch Experte im Zwiebelschneiden. „Nimm ein Streichholz zwischen die Zähne, dann tränen dir nicht die Augen."

Und die Reinigung des Bads. „Nein, nein, keine Bleiche, viel zu aggressiv. Haushaltessig ist viel besser!"

Um die Zeit, wenn sich sonst die Tür öffnete und Sam hereinkam, seinen Hut auf den Beistelltisch warf und seine Arme weit für sie ausbreitete, ließ sie sich erschöpft auf das Sofa sinken. Das

Abendessen war nicht gekocht, die Möbel nicht poliert. Im Bad stank es nach Essig.

Das war der Zeitpunkt, ab dem sich alles verändert hatte. Sam hatte aufgehört, sie wertzuschätzen. Und erst diese Listen! Es waren die Listen, die sie wahnsinnig machten. Überall lagen sie herum.

Wie die Speisekammer besser zu organisieren sei.

Essenspläne für August.

Putzarbeiten für die Woche.

Es war grauenvoll.

Die Orgelmusik brach ab. Gertie blickte von ihrer eigenen Liste hoch und bemerkte den beunruhigten Ausdruck auf dem Gesicht des Organisten. Warum starrte er zum Vestibül?

Gertie überflog den Programmablauf.

Die ersten Programmpunkte waren vorbei. Das Orgelvorspiel. Abgehakt. Die Angehörigen hatten Platz genommen. Abgehakt.

Die Braut war nicht zu sehen. Wie hieß sie noch mal? Der Name stand auf der ersten Seite. Ach ja, Julia.

Sie kannten Julia nicht. Mit den Eltern des Bräutigams waren sie seit Jahren befreundet, denn sie wohnten in derselben Straße. Der kleine Douglas hatte ihnen immer die Zeitung gebracht und später, als er größer wurde, den Rasen gemäht. Aber diese Julia war ihnen unbekannt.

Vielleicht gehörte sie zu den Menschen, die immer zu spät kamen. Gertie hatte kein Verständnis für so etwas. Sich zu verspäten war anderen gegenüber unhöflich. Es bedeutete, dass die eigene Zeit einem wichtiger war als die der anderen. Bei ihrer Tochter Samantha hatte sie immer auf Pünktlichkeit bestanden. Douglas hatte Samantha zum Abschlussball begleitet. Gertie hätte es gefallen, wenn Douglas und Samantha geheiratet hätten, aber die beiden hatten nie Interesse aneinander gezeigt.

Ihr Blick fiel auf die Bibelstelle auf dem Programm: *Die Liebe ist geduldig, die Liebe ist freundlich. Die Liebe verliert nie die Beherrschung. Die Liebe ist nicht nachtragend.*

An diesem Vers blieb sie hängen. Schnell klappte sie das Notizbuch auf ihrem Schoß zu.

Es war, als hätte Gott sie ertappt!

Aber war das denn wirklich so schlimm? Sie schrieb doch nur das auf, was tatsächlich geschehen war. Nur das, womit Sam sie ärgerte.

Sie starrte auf die Liste auf ihrem Schoß. Bitterkeit erfasste sie, als sie die einzelnen Punkte durchlas. Gefühle stiegen in ihr hoch, wie von einem Rührlöffel aufgewirbelt.

„Das ist wirklich alles so passiert, Gott", sagte sie, natürlich nicht laut.

Gott antwortete nicht.

Weitere Verfehlungen von Sam fielen ihr ein, und sie drückte die Mine ihres Kugelschreibers heraus, um sie aufzuschreiben. Wie sollte sie es formulieren?

Es war in der vergangenen Woche gewesen, am Mülltag. Sie wollte gerade die Tüten aus der Küche holen und nach draußen bringen. Doch Sam stand in der Küche und hatte das ganze Zeug auf der Arbeitsplatte ausgebreitet.

„Was machst du mit dem Müll?" Sie hatte sich bemüht, ihre Stimme unter Kontrolle zu behalten, doch als sie die Ansammlung dreckiger Dosen und stinkender Fleischverpackungen auf ihrer sauber gewienerten Arbeitsplatte sah, stieg ihre Stimme um ein paar Dezibel an und klang schriller, als sie beabsichtigt hatte.

„Nicht alles ist Müll."

„Was?"

„Das ist nicht alles Müll. Sieh nur." Er hielt einen Joghurtbecher in die Höhe. Reste vom Erdbeerjoghurt klebten noch an den Seiten.

„Sieh nur was?"

„Den könnten wir noch für irgendetwas gebrauchen."

„Und wofür zum Beispiel?"

„Nun, ich weiß nicht, aber das ist doch ein nützlicher kleiner Behälter. Ich könnte Schrauben darin aufbewahren."

„Was für Schrauben?"

„Keine Ahnung. Man kann nie wissen." Seine Stimme verklang, während er sich über das Spülbecken beugte, um den kleinen weißen Plastikbecher auszuwaschen.

„Wenn du meinst."

Es hätte ihr egal sein können. Aber aus irgendeinem Grund machte es sie wütend. „Fuchsteufelswild", wie ihre Mutter es immer genannt hatte, wenn jemand richtig wütend war.

Sie war aus der Küche marschiert und hatte gehört, wie der Müllwagen an ihrem Haus vorbeifuhr und bei den Morgans anhielt.

Sie blickte auf ihre Liste.

17.

Wie sollte sie das formulieren? Es war ja nicht ganz verkehrt. In gewisser Weise tat er ja sogar etwas Gutes. Aber irgendwie vermittelte er ihr dadurch ein Gefühl der Unzulänglichkeit, das Gefühl, nicht genug zu tun, und die Dinge nicht richtig zu tun.

17. Er mischt sich in alles ein!

So. Das war es. Er mischte sich in ihre Aufgaben ein. Er hatte seine Arbeit verloren, und jetzt mischte er sich in ihre ein.

Sie spürte, wie Tränen in ihre Augen traten.

Das war es. Er gab ihr das Gefühl, nutzlos und überflüssig zu sein.

Sie hatte gedacht, der Ruhestand würde wie ein einziger langer Urlaub werden. Früher hatten sie wundervolle Reisen miteinander gemacht. Die Reisen mit Sam und Samantha gehörten zu ihren schönsten Erinnerungen. An jedem Tag hatten sie gemeinsam neue Wunder erlebt.

Einmal waren sie in den Yosemite-Nationalpark gefahren. Sie erinnerte sich gern daran, nur sie drei – Gertie, Sam und Samantha. Sie hatten die hoch aufragenden Berge in all ihrer Pracht bewundert und das Gefühl gehabt, dass Gott ihnen ganz nahe war. Sie waren zum Glacier Point gewandert und hatten über den Nationalpark hinweggeblickt. Keine Menschenseele war in der Nähe. Es war, als wären sie die einzigen Menschen auf der Erde, und in diesem Augenblick hatte sie Sam so geliebt.

Und dann ihre Reise zum Yellowstone-Nationalpark. Gleich als sie in den Park hineinfuhren, rannte eine Büffelherde neben ihrem Wagen her, dampfend und schnaubend im frühen Morgenlicht. Und der Geysir stieß genau zum richtigen Zeitpunkt seine Fontäne aus, immer wieder. Sie hatte gedacht, dass nur Gott so etwas Unglaubliches erschaffen konnte. Und das Schönste war, dass sie das alles mit Sam zusammen erlebte.

Damals gab es keine Listen. Keine Auflistung von Verfehlungen. Damals waren ihr Sams Macken gar nicht aufgefallen, und ihm ihre auch nicht.

Gertie wischte sich eine Träne weg. Sie wollte doch gar nicht so sein, aber sie wusste einfach nicht mehr weiter. *Die Liebe ist nicht nachtragend.*

Sie fragte sich, was Gott jetzt wohl von ihr dachte. Die Liste zeigte, wie tief sie gesunken war. Auch wenn es Sam gewesen war, der mit diesen blöden Listen angefangen hatte.

Die erste Liste, die Sam ihr vorgelegt hatte, hatte sie entsetzt. Darauf hatte er notiert, wie er sich ihr weiteres Leben vorstellte.

1. Das Haus verkaufen.
2. Ein Wohnmobil anschaffen.
3. Auf Abenteuerfahrt gehen.

Diese Liste hatte sie umgehauen. Sie war aus dem Gleichgewicht gekommen, hatte Angst in sich aufsteigen gespürt. Sie konnten doch nicht einfach ihre Sachen packen und alles zurücklassen! Ihr Leben war doch hier. Das Haus. Ihre Tätigkeiten in der Gemeinde. Ihre Freunde.

Sie erinnerte sich noch an sein Gesicht, als sie seinen Plan rundweg abgelehnt hatte. Niedergeschlagen hatte er die Liste zusammengefaltet und wieder in seine Tasche gesteckt.

Gertie beugte sich vor. Sie wollte Sam aufwecken und ihm mitteilen, dass sich die Braut verspätete. In diesem Augenblick entdeckte sie den Zettel, der aus seiner Jackentasche herauslugte. Ihr Blick hing an dem Papier, und die Verspätung der Braut war vergessen. Am Vormittag hatte sie beobachtet, wie er etwas aufgeschrieben hatte. Was das wohl gewesen war? Wieder eine neue Liste?

Die Erkenntnis traf sie mit voller Wucht. Sam führte eine Liste … vielleicht schrieb er auch alles auf, was sie falsch gemacht hatte. Manchmal geriet ihr Schmorbraten etwas zu trocken, wenn sie ihn zu lange auf dem Herd stehen lassen hatte, aber das würde er doch nicht auf so einer Liste festhalten, oder? Und gelegentlich waren ihre Kartoffeln versalzen. Er war doch wohl nicht so pingelig, dass er ihr das ankreidete?

Gertie starrte auf das Blatt. Sie beugte sich so weit vor, dass sie die innere Ecke erkennen konnte. *1.*, sah sie. Ja, das war tatsächlich eine Liste. Schlimmer noch, ihr Name stand in ordentlicher Schrift oben auf dem Blatt. In dieser Liste ging es um sie!

Sam führte ebenfalls eine Liste ihrer Verfehlungen. Oder ihrer Verfehlung, Einzahl. Vielleicht stand ja nur ein Punkt auf der Liste.

Was konnte er gegen sie ins Feld führen? Sie war ihm in guten wie in schweren Zeiten eine treue Ehefrau gewesen und hatte eine dreifache Bypass- und zwei Hüftoperationen mit ihm durchgestanden.

Oh, der hatte wirklich Nerven.
Sie nahm ihre Liste zur Hand und schrieb:
18. Hält Verfehlungen in einer Liste fest.
Sie unterstrich den Satz.

Eine ganze Weile schäumte sie innerlich vor sich hin, doch irgendwann konnte sie es nicht mehr aushalten. Während Sam leise schnarchend ein- und ausatmete, zog Gertie die Liste aus seiner Jackentasche.
Es war ein Bogen Briefpapier von seinem Schreibtisch.
Sie hielt inne und wandte den Blick ab. Traurigkeit überfiel sie. Eigentlich war sie gar nicht sicher, ob sie die Liste wirklich lesen wollte. Sie hatte sich doch immer so viel Mühe gegeben. Was, wenn er ihre Arbeit nicht zu schätzen wusste? Was, wenn auch er unglücklich war? Irgendwie schienen sie einfach nicht mehr zueinander zu passen.
Die Wahrheit würde schmerzlich sein, aber sie würde sich seiner Kritik stellen.
Widerstrebend las sie die erste Zeile.
1. Sie ist eine wundervolle Köchin.
Was? Eine wundervolle Köchin. Wie nett.
Sie dachte an all die Gerichte, die sie im Laufe der Jahre für Sam zubereitet hatte. Er war immer so dankbar gewesen. Die Schokoladenkekse, die sie gebacken und heimlich in seine Aktentasche gesteckt hatte. Den Hackbraten, sein Lieblingsgericht, den sie jeden Donnerstagabend auf den Tisch gebracht hatte. Den Spaghettikuchen, den er so gern mochte. Ein warmes Gefühl durchströmte sie. Es war ihm also nicht entgangen.
Er schrieb eine Liste mit positiven Dingen! Mehr als zwanzig Punkte fanden sich auf der Liste.
2. Sie hat ein schönes Lächeln.

Ein schönes Lächeln. Sie legte die Hände an ihre Lippen. Im Moment war ihr Lächeln ihr abhandengekommen, und sie lief meist mit finsterem Gesicht durch das Haus, aber sie erinnerte sich noch an die Zeit, als sie viel gelächelt hatte. Ihr Lächeln sei ihm als Erstes an ihr aufgefallen, hatte Sam immer gesagt. Es hätte ihm besonders gefallen. Sie hatte sehr schöne Zähne. Es war typisch für einen Zahnarzt, dass er sich besonders für die Zähne interessierte. Sie spürte, wie die Mauern in ihrem Herzen zu bröckeln begannen.

3. Sie ist eine gute Verliererin.

Als sie das las, musste sie leise lachen. Früher hatten sie oft Gin Rummy miteinander gespielt. Ob sie gewann oder verlor, interessierte sie nicht. Ihr ging es einzig und allein darum, mit Sam zusammen zu sein. Sam dagegen wollte immer gewinnen. Er war sehr ehrgeizig. Manchmal hatte sie ihn einfach gewinnen lassen, weil es ihm so viel Spaß machte.

4. Sie liebt mich.

Sie liebt mich. Das stimmte. Sie liebte Sam. Sehr sogar. Vielleicht mochte sie ihn im Augenblick nicht so besonders. Vielleicht war sie einfach noch nicht gewöhnt an ihr Leben, so wie es sich jetzt gestaltete.

Sie blickte auf ihre eigene Liste und ließ den Kopf hängen. Was war nur mit ihr geschehen? Wann war sie so bitter und so ... so *gemein* geworden?

Sie liebte Sam, das stimmte wirklich. Aber Liebe ist nicht nachtragend. Sie hingegen war sehr nachtragend. Und sie musste zugeben, dass sie auch noch viele andere Fehler hatte. Ganz eindeutig war sie ungnädig und verbittert geworden. Das gestand sie sich nur ungern ein, aber es stimmte.

Ihre fiese Liste lag auf ihrem Schoß.

Manchmal war sie faul – ja, manchmal hatte sie sich, wenn Sam bei der Arbeit war, einfach auf die Couch gelegt und eine Fernsehsendung geschaut.

Wie tröstlich, dass Gott ein Gott der Vergebung war. Er trug

ihr ihre Verfehlungen nicht nach. Und wer war sie, dass sie sich das Recht herausnahm, Buch über Sams Verfehlungen zu führen? Ganz langsam zerriss sie ihre Liste in kleine Stückchen und fing in Gedanken eine neue an:
1. Ich liebe Sams Lachfältchen.
2. Menschen sind ihm wichtig, sehr wichtig.
3. Er ist ein guter Mann.
4. Er bezahlt die Rechnungen und sorgt für mich.
5. Er liebt mich und führt keine Liste über meine Verfehlungen.
6. Er will noch etwas mit mir erleben.

Wieder schnarchte Sam leise, aber plötzlich störte sie das nicht mehr. Sie war froh, ihn an ihrer Seite zu haben, auch sabbernd und schnarchend. Und der Fleck auf seinem Hemd war total unwichtig. Sie war dankbar, die Wäsche für diesen guten Mann waschen zu können.

Gertie ergriff Sams Hand. Warm lag sie in ihrer eigenen. Er zuckte ein wenig zusammen, dann blickte er sie an und lächelte.

Verschlafen rieb er sich die Augen. Er hob die Hand und wischte sich verstohlen übers Kinn.

Gertie lächelte. Keine Listen mehr.

„Was ist?", flüsterte er.

„Wir sollten es machen", flüsterte sie zurück.

„Was denn?"

„Deinen Plan B."

Kapitel 9

Die Liebe freut sich, wenn die Wahrheit siegt

Joseph Leffler saß in der dritten Reihe von hinten. Die Orgel erfüllte die Kirche mit leiser, beruhigender Musik, doch in Joseph tobte ein Gewitter. Seine Gefühle waren in Aufruhr. Reue, Angst und Hoffnungslosigkeit wühlten ihn auf. In einer endlosen Parade wirbelten sie durch seinen Kopf und Körper und steuerten direkt auf die Katastrophe zu.

Er drehte sich noch einmal um. Vielleicht hatte er sich ja geirrt. Viele Menschen sahen ähnlich aus. Er konnte es nicht sein. Oder doch? *Bitte gib, dass er es nicht ist.*

Doch, er war es. Thomas McBride. Josephs Nackenhaare sträubten sich. Ruckartig drehte er sich wieder nach vorn.

„Ich kann mir diese Verzögerung nicht erklären", sagte seine Frau Margaret gerade, aber Joseph hörte nicht wirklich hin.

Zutiefst aufgewühlt sank er auf seinem Platz zusammen. Langsam und so unauffällig wie möglich drehte er sich noch einmal um.

Ja. Thomas McBride saß auf der linken Seite der Kirche, dritte Reihe von hinten. Er war allein, hatte den Arm lässig auf die Rückenlehne der Bank gelegt und strahlte ruhige Zuversicht aus, wie eine Katze, die sich ihrer Beute sicher war. Es war nur noch eine Frage der Zeit.

Joseph Leffler, langjähriges, geachtetes Gemeindemitglied und Trainer der Nachwuchsmannschaft, war wie erstarrt. Sein Atem ging flach. Jeder Muskel reglos und trotzdem angespannt. Noch vor wenigen Minuten, als er über die bevorstehende Woche nachgedacht hatte, hatte er sich bestens gefühlt. Er hatte sich vorgenommen, später am Tag noch den Urlaub mit Margaret in Cancun zu buchen.

Doch dann hatte er beobachtet, wie Thomas die Kirche betrat. Er lebte 500 Meilen weit weg. Was machte er hier? Nervös spielte Joseph mit dem Ring, der am kleinen Finger seiner linken Hand steckte. Er ließ sich leicht drehen.

Es konnte nur einen Grund für Thomas' Anwesenheit geben. Er war hier, weil er Joseph zur Rede stellen wollte.

Viel Zeit war vergangen, seit er Thomas zuletzt gesehen hatte. Vor fünfzehn Jahren waren Margaret und er aus Bellisle fortgezogen. Er hatte alles hinter sich lassen und neu anfangen wollen. Aber wie es aussah, war man ihm doch noch auf die Schliche gekommen. Nach all den Jahren.

Was sollte er tun?

Vielleicht sollte er allem ein Ende setzen. Vielleicht sollte er einfach mit dem Auto gegen einen Baum rasen und das Ganze wie einen Unfall aussehen lassen. Dann hätte er endlich Ruhe, und Margaret würde das Geld von der Versicherung bekommen. Seine Schachtel mit Ringen würde er natürlich den Mädchen vererben. Die Ringe ... Der Gedanke an seine Ringschachtel war tröstlich.

Margaret tätschelte seine Hand und blickte ihn fragend an. „Was ist los?", flüsterte sie.

Die gute Margaret. Sie würde nie verstehen, was er getan hatte. Das Geheimnis aus seiner Vergangenheit würde vermutlich auch ihrer Ehe ein Ende setzen.

„Nichts", antwortete er flüsternd. Nichts, außer dass sich ihr Leben bald für immer verändern würde. Alles, was Margaret für wahr gehalten hatte, war eine Lüge. Er hatte sein Leben auf Lügen aufgebaut. Sein Geheimnis verfolgte ihn schon viel zu lange, lastete auf seiner Seele und färbte alles ein, was er tat.

Margaret stieß ihm leicht den Ellenbogen in die Seite. „Was ist los? Du hast doch irgendwas."

Er schüttelte den Kopf. Auf keinen Fall konnte er ihr sagen, was er getan hatte. Und die Mädchen … sie durften es nicht erfahren.

Er hielt Margarets Hand und berührte den Diamanten auf ihrem Ring. Ein großer, funkelnder Diamant. Wie stolz war er damals gewesen, als er ihn ihr angesteckt hatte. Joseph schloss die Augen. Ringe waren Teil des Problems. Vor sich sah er jede Menge Ringe. Ringe mit großen Diamanten in den unterschiedlichsten Schliffen. Männerringe, genau seine Größe, mit qualitativ hochwertigen Steinen.

Margaret und er waren noch jung gewesen, als alles begann. Sie hatten zwei Kinder bekommen, und er wollte seiner Familie etwas bieten. Ein Heim, die Mitgliedschaft im Countryclub, schöne Kleider … und natürlich Ringe. Das Minus auf seiner Kreditkarte wuchs stetig an, und es wurde immer unmöglicher, den Saldo noch auszugleichen.

Als Leiter des Finanzausschusses der Baptistengemeinde war es seine Aufgabe, die Rechnungen der Gemeinde zu bezahlen. Man vertraute ihm. Er erinnerte sich nicht mehr genau, wie er darauf gekommen war, doch eines Tages hatte er einen Scheck über 1.127 Dollar ausgestellt, zahlbar auf sein Konto. Tagelang trug er ihn mit sich herum und suchte nach einem anderen Ausweg. Doch es gab keinen.

Mit dem Scheck glich er seine Kreditkartenrechnung aus. Und

dann wartete er. Nichts geschah. Sein Konto war ausgeglichen, und alles ging weiter wie bisher. Niemand in der Kirchgemeinde merkte etwas. Beim zweiten Mal fiel es ihm schon leichter, und es dauerte nicht lange, bis er der Kirche regelmäßig Geld stahl.

Alle hielten ihn für ein gutes Gemeindemitglied. Zu den Sitzungen erschien er immer pünktlich, er übernahm freiwillig anfallende Arbeiten und war bereit, immer noch mehr zu tun. Die Bücher führte er mit großer Sorgfalt. Wenn die Spendeneinnahmen zurückgingen, informierte er sofort den Finanzausschuss und machte Vorschläge, um die Ausgaben einzuschränken. Wenn die Spenden anstiegen, teilte er auch das den Verantwortlichen mit, damit die Arbeit der Kirche motiviert weitergehen konnte.

Der Finanzausschuss verließ sich voll und ganz auf Joseph, denn er war dafür verantwortlich, dass die Kirche schwarze Zahlen schrieb. Während andere Kirchen in finanzielle Schwierigkeiten gerieten, weil ihre Ausgaben höher waren als ihre Einnahmen, gab es in der *First Baptist Church* nie ein Geldproblem. Dafür sorgte Joseph Leffler.

Thomas war ebenfalls im Finanzausschuss gewesen, aber auch er hatte nie etwas gemerkt. Niemand wusste davon.

Bis jetzt.

Joseph drehte den Ring an seinem kleinen Finger. Ein kleiner Damenring, ein einfacher Reif ohne Steine. Der Ring seiner Mutter. Der Ehering seiner Mutter, um genau zu sein. Er hatte ihn so oft gesehen. Als sein Vater starb, war er zwei Jahre alt gewesen. Ihr Leben lang hatte seine Mutter ihren Ehering nie abgelegt. Sie konnte sich von keinem einzigen Gegenstand trennen, der eine Verbindung zu ihrem Mann darstellte.

Mit sieben hatte Joseph einen schwachen Versuch unternommen, sie von der düsteren Wolke zu befreien, die sich nach dem

Tod seines Vaters über sie gelegt hatte. Er sparte sein gesamtes Taschengeld und kaufte ihr einen Ring. Mit Glassteinen zwar, aber er gefiel ihm ausnehmend gut. Ganz bestimmt würde dieser Ring alle ihre Probleme vergessen machen.

„Gefällt er dir, Mama?", hatte er gefragt, als er beobachtete, wie sie ihn in die oberste Schublade ihrer Kommode legte.

„Er ist sehr schön", antwortete sie, doch ihrer Stimme fehlte die Begeisterung.

Ihre Trauer war zu groß.

Sein älterer Bruder hatte zu ihm gesagt: „Der ist doch nicht mal echt. Ein echter Ring würde Millionen kosten."

Der siebenjährige Joseph gab auf; doch in seinem Hinterkopf blieb die Vorstellung, dass ein funkelnder Edelstein, ein echter, allen Kummer heilen könnte, der einen bedrückte. Und eines Tages würde er genügend Geld haben, um ein solches funkelndes Heilmittel zu kaufen.

Joseph öffnete die Augen. Das dauerte ja ewig. Die Braut schien sich zu verspäten. Irgendetwas stimmte nicht. Die Orgel spielte in Dauerschleife immer weiter. Der Bräutigam wirkte übermäßig nervös.

Joseph warf einen Blick in das Programmheft. Da stand der Name des Pastors: Jeremy Higgins. Ein guter Mann. In der Gemeinde sehr beliebt. Joseph fand ihn ein wenig naiv, aber sympathisch. Darunter stand der Name von Douglas' Vater Carl. Auch ein guter Mann, ebenfalls sehr gutgläubig. Eigentlich waren generell alle Gemeindemitglieder naiv. Darum gab es ja dieses Geheimnis überhaupt erst. Das hatten sie sich wirklich selbst zuzuschreiben. In den Kirchen sollte es mehr Rechenschaftspflicht geben. Die Mitglieder der *First Baptist* waren ein besonders gutes Beispiel für Naivität.

Joseph betastete das Papier des Programms. Gute Qualität. Er liebte schöne Dinge.

Als er das Programmheft aufklappte, fiel sein Blick auf die Verse aus dem 13. Kapitel des ersten Korintherbriefs. Acht Wörter stachen ihm ins Auge – *die Liebe freut sich, wenn die Wahrheit siegt.* Er wandte den Blick ab, und die Worte flossen ineinander. *Die Wahrheit siegt.* Er lebte nicht die Wahrheit, er lebte eine Lüge.

Hier in St. Michael war Joseph sehr beliebt. Er besuchte regelmäßig die Gottesdienste, blieb hinterher immer noch da und plauderte mit den anderen Gemeindemitgliedern. Margaret und er kannten viele aus der Gemeinde, und ihre inzwischen erwachsene und verheiratete Tochter Kim war als Missionarin in Südamerika. Nach außen war er das perfekte Gemeindemitglied. Was er in der *First Baptist* getan hatte, wiederholte sich nicht. Nie wieder hatte er Geld gestohlen.

Aber seine Lügen und der Diebstahl von früher ließen ihm keine Ruhe. Das war etwas, das er niemals ungeschehen machen konnte.

Margaret stieß ihn wieder an. Sie kannte ihn viel zu gut und machte sich Sorgen.

Sollte er die Flucht ergreifen? Einfach aufstehen und so tun, als würde er zur Toilette gehen, und dann abhauen?

Nein, bleib ruhig, ermahnte er sich. Er atmete ein paar Mal tief durch.

Die Ringe an der Hand seiner Nachbarin fielen ihm ins Auge. Zwei an der Zahl. Einer sah genauso aus wie der Ring, den er mit zehn seiner Mutter zu Weihnachten geschenkt hatte. Es war ein sehr schöner Ring mit zwei ineinander verschlungenen Herzen. Sein Lieblingsring.

Die Ringe, die er als Kind seiner Mutter geschenkt hatte, waren alle ähnlich gearbeitet – ein einzelner Stein mit einem einfachen

Reif. Als er älter wurde, kaufte er keine Ringe mit Steinen mehr. Immer noch hoffte er, etwas zu finden, das sie tatsächlich tragen würde.

Seine Nachbarin trug die beiden miteinander verbundenen Herzen offensichtlich häufig. An einem schlanken Finger sahen sie am besten aus, und als seine Mutter den Ring am Weihnachtsmorgen an den Finger gesteckt hatte, hatte er ihm sehr gut an ihr gefallen. Aber natürlich hatte sie ihn später wieder abgezogen und zu den anderen in die kleine Schachtel in der obersten Schublade ihrer Kommode gelegt.

Wenn er an die Ringe in der Schachtel dachte, spürte er eine tiefe Leere in sich. Diese Leere trieb ihn dazu, immer mehr und noch mehr zu kaufen, doch nichts konnte sie füllen.

Und dann, vor fünfzehn Jahren, kam der Tag, an dem sich alles änderte. Seine Mutter starb, und er erbte die Schachtel mit den Ringen. Nach der Beisetzung saß er auf ihrem Bett und betrachtete die Ringe, und ihm wurde klar, dass diese Ringe, die für ihn der schönste Schmuck gewesen waren, nur billige Imitationen waren, einfach nicht gut genug für sie. Seine Mutter hatte bis zu ihrem Tod denselben einfachen Trauring getragen, den sie nie vom Finger gezogen hatte.

War sein Leben wie die Ringe in dem Kästchen nur eine billige Imitation? Ein nutzloser Versuch, etwas zu erreichen, das außerhalb seiner Reichweite lag?

Ja, so war es. Er war eine billige Imitation und lebte eine Lüge. Und er war es so müde. Er hatte die Jagd nach Geld so satt. Es war nie genug. Er hatte nie genug Geld, nie genug Schmuck, vielleicht sogar nicht einmal genug Liebe gehabt.

Er erinnerte sich, wie er diese kleine Schachtel angesehen und Gott gebeten hatte, ihm Trost zu schenken, ihm den Weg zu zeigen. Und danach hatte sich alles verändert. *Er* hatte sich verändert. Seine Sucht nach Schmuck und materiellen Werten ließ nach. Sein Leben war außer Kontrolle geraten, und er schwor sich, sich zu ändern. Dieses Versprechen an Gott hatte er gehalten. Sie waren umgezogen, und er hatte die Chance auf einen Neuanfang bekommen. Und genutzt.

Für ihn war es eine große Erleichterung gewesen, alles hinter sich zu lassen. Nie wieder war er in Versuchung geraten.

Joseph hatte die kleine Schachtel mit den Ringen aufbewahrt, und jeden Tag trug er eines von seinen kindlichen Geschenken am kleinen Finger. Sie erinnerten ihn an den Neuanfang, den Gott ihm geschenkt hatte. Heute hatte er einen Opal ausgewählt, den Geburtsstein seiner Mutter.

Niemand außer ihm wusste Bescheid. Fünfzehn Jahre lang hatte er geschwiegen und nicht einmal Margaret davon erzählt.

Die Liebe freut sich, wenn die Wahrheit siegt.

Niemand würde sich freuen, wenn er die Wahrheit sagte. Die Wahrheit würde ihm nichts als Schmerz bringen. Schande, Probleme und vielleicht sogar eine Gefängnisstrafe.

Die Wahrheit. Was er in der *First Baptist* getan hatte, war Unrecht gewesen. Als er das Geld nahm, hatte er nicht lange darüber nachgedacht. Es gab immer eine Rechtfertigung: Er würde es ja im nächsten Monat zurückzahlen ... aber dazu war es nie gekommen. Es war die Aufgabe der Kirche, Menschen in Not zu helfen – nun ja, er war in Not. Natürlich war nicht vorgesehen, dass sich die Mitglieder selbst bedienten. Aber es war kein Kapitalverbrechen, für das man ins Gefängnis kam. Nur Mörder und Menschen, die anderen körperlichen Schaden zufügten, wurden eingesperrt.

Alle diese Gedankengänge erschienen ihm jetzt so offensichtlich falsch. Sein Magen krampfte sich zusammen. Doch, Diebstahl wurde mit Gefängnis bestraft. Natürlich.

Er musste sich dringend überlegen, wie er aus dieser Sache wieder herauskam. Kein Problem. Lösungen zu finden war seine Spezialität. Während seiner Ausbildung war er immer derjenige gewesen, zu dem die Kollegen kamen, wenn sie Fragen hatten, nicht nur zur Buchhaltung. Alle möglichen Fragen.

„Soll ich dieses Mädchen zum Essen einladen? Sie ist mit einem anderen zusammen, aber ich würde sie wirklich gern näher kennenlernen."

Diese Frage war leicht zu beantworten: „Es steckt kein Ring an ihrem Finger, also frag sie. Das schadet nicht. Sie gibt dir vielleicht einen Korb, aber dann weißt du wenigstens Bescheid."

Auch die Leute in der Kirche suchten seinen Rat. Manchmal wollten sie einfach nur in ihrem Vorhaben bestätigt werden. Er war ein guter Zuhörer und versuchte zu helfen, aber wenn etwas gegen die Zehn Gebote verstieß, hielt Joseph nicht mit seiner Meinung hinter dem Berg: „Nein, du darfst keine außereheliche Beziehung beginnen. Das ist falsch, auch wenn deine Frau dich seit Jahren nicht mehr an sich heranlässt", sagte er zu einem Freund.

Anderen Ratschläge zu geben fiel ihm nicht schwer. Doch jetzt war guter Rat teuer, im wahrsten Sinne des Wortes. Für ihn gab es keinen Ausweg. Es gab keine Antwort, die ihm die entsetzliche Scham und seine Schuldgefühle nehmen würde. Und die Konsequenzen seines Handelns.

Er strich mit den Fingern über das Programmheft. Die Buchstaben aus dem ersten Korintherbrief wirkten irgendwie größer, als wären sie vor seinen Augen gewachsen. Sein Magen war immer noch in Aufruhr. Er tupfte sich die Schweißtropfen von seiner Stirn.

„Was ist?", fragte Margaret erneut, diesmal dringlicher. „Was ist los?"

„Thomas McBride ist hier", flüsterte er. Er wusste nicht, was er sonst sagen sollte. Schließlich konnte er ihr schlecht erklären, was Thomas' Anwesenheit in dieser Kirche für ihn bedeutete. Auf keinen Fall wollte er ihr vor allen anderen davon erzählen.

„Ja, natürlich", antwortete sie flüsternd. „Sein Bruder ist mit der Schwester der Mutter des Bräutigams verheiratet."

Joseph verschlug es die Sprache.

„Sie stehen sich sehr nahe." Im Flüsterton erklärte Margaret ihm die Verbindungen innerhalb der Familie, aber Joseph hörte ihr nicht zu. Sein einziger Gedanke war, dass von Thomas keine Gefahr ausging. Dass das Schlimmste doch nicht eintreten würde.

Thomas war gar nicht seinetwegen hier. Er war einfach nur wegen der Hochzeit gekommen. Er wusste nichts von dem Geld. Darüber hätte Joseph sich eigentlich freuen müssen, aber irgendwie brachte ihm diese Information keine Erleichterung.

Die Liebe freut sich, wenn die Wahrheit siegt.

Ein entsetzliches Wort schlich sich in seine Gedanken ein, ein Wort, das er lange Zeit verdrängt hatte.

Dieb!

Ein zweites schreckliches Wort zwang sich in sein Bewusstsein.

Unterschlagung!

Er war ein Dieb. Er hatte seiner Gemeinde Geld gestohlen. Das war die Wahrheit.

Thomas' Anwesenheit hatte ihm seine Sünde wieder ins Gedächtnis gebracht. Alles war wieder hochgekommen, wie der Schlamm auf dem Grund eines Teichs, der aufgewühlt wird, und allein der Gedanke daran machte ihn krank.

Und noch ein Gedanke durchzuckte ihn: Nicht nur er kannte die Wahrheit. Gott kannte sie auch. Vor allen anderen hatte er sein Vergehen vielleicht verborgen gehalten, aber vor Gott konnte er es nicht verstecken. Gott wusste es und hatte es die ganze Zeit gewusst. Ekel vor sich selbst erfasste Joseph, so stark, dass er befürchtete, sich übergeben zu müssen, gleich hier auf seinem Platz. Vielleicht sollte er die Toilette aufsuchen. Er sollte davonlaufen. Aber vor Gott konnte er nicht davonlaufen.

Da saß er nun, im Haus Gottes, und er hatte sehr lange Zeit nicht die Wahrheit gesagt.

Der Opal an seiner Hand funkelte. Er lehnte den Kopf zurück.

Wahrheit. Die Wahrheit wird dich frei machen.
Dieser Gedanke erfüllte ihn mit Frieden. Er wusste jetzt, was er zu tun hatte. Ohne lange nachzudenken nahm er eine Gebetskarte und einen Stift von der Ablage vor sich und begann aufzuschreiben, was er getan hatte.

Vor fünfzehn Jahren habe ich in der First Baptist Church
Geld unterschlagen. Jetzt möchte ich das wiedergutmachen.
Es tut mir leid, Margaret.

So. Da stand es schwarz auf weiß. Er schaute über die Schulter zurück, um zu sehen, ob jemand ihn beobachtete. Nein. Alle Hochzeitsgäste waren mit sich selbst beschäftigt und warteten auf die Braut.

Joseph starrte auf seine Worte. Seine Handschrift war normalerweise ziemlich ungleichmäßig, doch diese Worte hatte er mit klarem, ausladendem Schwung geschrieben. Er empfand einerseits Furcht, aber andererseits auch eine große Erleichterung.

Die Lügen hatten ihn in die Dunkelheit geführt. Was auch immer jetzt geschehen würde, es konnte nicht schlimmer sein als diese Angst, mit der er lebte. Die Angst davor, entlarvt zu werden. Ins Gefängnis gehen zu müssen. Die Angst, Margaret könnte ihn verlassen, und seine Mädchen würden jegliche Achtung vor ihm verlieren.

Aber die Wahrheit – er stellte sich das vor. Ein Leben ohne Angst. Entschlossen schob er Margaret die Karte zu.

Er wandte den Blick ab, konnte es nicht ertragen zu sehen, wie sie las, was er geschrieben hatte. Was sie wohl dachte, wie sie reagieren würde, konnte er nicht einschätzen. Er war verloren, vollkommen verloren.

Schnell schloss er die Augen und sprach ein Gebet. *Vergib mir, Gott. Ich habe das Geld genommen, dein Geld. Ich werde tun, was nötig ist, um das Unrecht wiedergutzumachen. Keine Lügen mehr.*

Die Sonne, die durch das Fenster auf seinen Rücken schien, wärmte ihn wie eine sachte Umarmung, und zum ersten Mal seit langer Zeit fühlte er sich leichter, wie von einer schweren Last befreit.

Mit geschlossenen Augen wartete er. Genoss den Frieden, der ihn erfüllte. Jeden Augenblick rechnete er damit, dass Margaret aufstand und die Kirche verließ. Doch sie blieb ruhig sitzen.

Das Risiko, sie zu verlieren, war hoch. Wenn sie wusste, was er getan hatte, könnte sie ihn eigentlich nicht mehr lieben. Mit angehaltenem Atem wartete er.

Ihre Hand schob sich in seine.

„Ich bin bei dir, Joseph", flüsterte sie.

Ein Schluchzen stieg in ihm hoch, und eine Träne tropfte auf seine Wange. Er drückte ihre Hand. Wie konnte sie ihn immer noch lieben?

Ein leises Schniefen drang an sein Ohr. Sie nahm den Stift, schrieb etwas auf die Karte und reichte sie ihm zurück.

Ich wusste es.

Alles veränderte sich. Margaret hatte die ganze Zeit Bescheid gewusst. Margaret hatte den Schmerz seiner Schuldgefühle und die Angst vor Entdeckung ebenfalls getragen.

Dass er ihr so etwas zugemutet hatte, war mehr, als er ertragen konnte.

Es musste ein Ende haben.

Nachher, beim Empfang, würde er mit Thomas reden. Er würde ihm alles gestehen, die ganze Wahrheit. Und was auch immer danach geschah … dann würde er wenigstens keine Angst mehr haben.

„Ich bin bei dir", flüsterte sie noch einmal.

„Und ich bin bei dir", antwortete er.

Keine Lügen mehr. Keine Scham und keinen Schmerz. Nur die Wahrheit.

Der Gott, der ihn liebte, wollte ihn frei machen. Eine große Freude erfüllte ihn.

Kapitel 10

Die Liebe nimmt alles auf sich

General Martin Mattington saß in seiner Galauniform auf dem wackeligen Klappstuhl und wartete. Seine Gedanken waren vorausgeeilt zu jenem Augenblick, den er am meisten fürchtete. Er tupfte sich den Schweiß von der Stirn und steckte zwei Finger in seinen Kragen, um ihn zu lockern. Die Fliege saß zu eng.

Die Angst vor dem bevorstehenden Ereignis war vermutlich größer als alle Ängste, die er in 35 Jahren im Militärdienst ausgestanden hatte. In Afghanistan, als er seine Männer durch die Wüste führte, ohne zu wissen, was am Ende ihres Marsches auf sie wartete. Oder als er im Irak Terroristen ausspionierte und immer bemüht war, ihnen einen Schritt voraus zu sein. Er hatte fast täglich sein Leben riskiert. Aber das war nichts im Vergleich zu dem, was in wenigen Augenblicken geschehen würde.

Er fürchtete nichts so sehr, wie das zierliche Mädchen mit den brünetten Haaren zu enttäuschen, das gleich hereinkommen würde. Das Mädchen, das er aufgezogen, innig geliebt und doch nie ganz verstanden hatte. Das er durch den Mittelgang der Kirche zum Altar führen würde. Und dann würde der Augenblick kommen, der ihm Angst einjagte: der Tanz von Vater und Tochter.

Er rutschte unruhig auf dem Klappstuhl herum und bereitete sich innerlich auf den Augenblick des Schreckens vor. Seine schwarzen, blank geputzten Schuhe lugten unter seiner Hose hervor. Das Licht von der Deckenlampe in dem kleinen Flur, in dem er wartete, spiegelte sich darin.

Seine Galauniform saß wie angegossen, und während seine Hand über die Auszeichnungen an seiner Brust strich, dachte er, dass er für die Aufgabe, die an diesem Tag auf ihn wartete, ebenfalls eine Tapferkeitsmedaille bekommen müsste.

Erneut tupfte er sich den Schweiß von der Stirn.

Es war nicht so, dass er Tanzen generell ablehnte. Für andere Menschen war es sicher gut, einigen machte es vielleicht sogar Spaß. Doch irgendwie hatte er die Schrittfolgen nie hintereinander bringen können. Er war groß und breit, Anmut war nicht seine Stärke. Und er weigerte sich, Dinge zu tun, die er nicht hundertprozentig beherrschte. Seine größte Angst war vielleicht sogar einfach die, dass er bei dieser Aufgabe versagen könnte.

Allein der Gedanke daran hatte ihn in den vergangenen Nächten wachgehalten.

„Ich tanze nicht", hatte er von Anfang an klargestellt, seit von einer Hochzeit die Rede gewesen war.

„Natürlich nicht, Papa." Julia hatte ihn angelächelt und das Thema nicht wieder erwähnt.

Dann begann die Planung der Hochzeit. Sie hatten gemeinsam beim Essen gesessen. Ihr Notizbuch lag aufgeschlagen auf dem Tisch, das Klemmbrett daneben, und ihre Augen leuchteten in Erwartung ihres großen Tages.

Sie hatte ihm ihre Pläne erklärt, hatte erzählt, dass der Brautstrauß mit einem apfelgrünen Band umwickelt sein und die Altarblumen mit Silber besprüht werden würden. Er lehnte sich mit seiner Tasse Kaffee zurück, beobachtete seine Tochter und fragte sich, was es mit apfelgrünen Bändern und silbern besprühten Blumen auf sich hatte, als sie über den Empfang zu reden begann.

„… und du trägst deine Galauniform, richtig?"

„Natürlich."

Er hatte gerade Maispolenta mit Garnelen und Andouillewürstchen bestellt. Sein Lieblingsgericht. Seine Gedanken weilten bei der cremigen Maisgrütze und den würzigen Würstchen und nicht bei dem, was er auf der Hochzeit tragen würde.

„Und die Band ...", fuhr sie fort.

Die Band? Jetzt hatte sie seine Aufmerksamkeit. Wo Musik war, da wurde bestimmt auch getanzt.

Er hob abwehrend die Hand. „Ich sage dir gleich, hier und jetzt, von Anfang an: Ich tanze nicht. Auf keinen Fall."

Er hatte seine Weigerung mit Nachdruck vorgebracht, in demselben Ton, in dem er auch seinen Männern Befehle erteilte. Seine Führungsqualitäten, seine Durchsetzungskraft und seine Kompromisslosigkeit hatten ihm den Weg zum Generalsrang geebnet. Sein Wort galt. Was er anordnete, wurde gemacht.

„Es wird nicht getanzt", wiederholte er, um absolut keinen Zweifel aufkommen zu lassen.

„Aber Papa!" Ihre Augen wurden ganz groß. Ihr Mund öffnete sich verblüfft und verzog sich gleich darauf zu einem Schmollen.

Er hasste dieses Schmollen. Es machte ihn schwach. Doch dieses Mal durfte er nicht schwach werden.

Er legte seine Hand mit der Handfläche nach unten auf den Tisch, ein deutliches Zeichen für ein „Nein". Diese Hand hatte die Hände von Premierministern und Präsidenten geschüttelt, eine Hand, die Kraft und Entschlossenheit in sich barg.

„Papaaa!", wiederholte sie flehend. Bei der letzten Silbe hob sich ihre Stimme um ein paar Töne. Er zog seine Hand zurück, wusste nicht so genau, wohin damit.

Der Raum schien irgendwie in Schieflage zu geraten. Dieses Gefühl der Unsicherheit war ungewohnt für ihn.

„Papa?", wiederholte sie, und dieses Mal lag eine eiserne Entschlossenheit in ihren hellblauen Augen. Ihm fiel auf, dass sie genauso aussahen wie seine eigenen.

„Wir sollten noch mal darüber nachdenken, ob getanzt wird oder nicht."

Sobald die Worte über seine Lippen gekommen waren, wurde ihm klar, dass er einen Kompromiss eingegangen war. Das klare Nein zum Tanzen war zu einem vagen Vielleicht geworden. Wenigstens hatte er nicht gesagt: „Wir denken noch mal darüber nach, ob wir darüber nachdenken sollten, ob getanzt wird oder nicht".

„Okay", erwiderte sie fröhlich. „Wir denken darüber nach." Strahlend lächelnd hakte sie einen Punkt in ihrem Notizbuch ab. „Und jetzt", sie hielt inne und strich mit der Hand über die Seite, „wegen der Band …"

Mist! Er hatte eine Schwäche gezeigt, und sie hatte sie sofort ausgenutzt.

Zum Glück wurde in diesem Augenblick das Essen gebracht, gerade rechtzeitig, um weitere Gespräche über das Tanzen zu unterbinden.

Und am Ende des Mittagessens erwartete ihn eine weitere Überraschung. Auf dem Weg zur Tür drückte ihm Julia eine kleine Visitenkarte in die Hand, auf der ein Datum und eine Uhrzeit notiert waren. *Miss Genevieves Tanzstudio. Freitag, 17:30 Uhr.*

„Was ist das?"

„Na ja." Sie blickte ihn mit ihren großen blauen Augen unschuldig an.

Ein Tanzstudio! Er konnte kaum glauben, was das bedeutete.

„Komm da hin, Papa", bat sie ihn. „Ich verspreche dir, du brauchst nicht zu tanzen, und anschließend können wir in Sonnys Feinkostladen eines dieser leckeren Reuben-Sandwiches holen, die du so magst."

Reuben-Sandwiches … mit Sauerkraut und diesem hervorragenden Dressing. Und erst die eingelegten Gurken in diesem Feinkostladen ... süßsauer und herrlich knackig. „Also gut", sagte er. Die Sandwiches mochten es wert sein.

Wieder dieses strahlende Lächeln. Sie stellte sich auf die Zehenspitzen und gab ihm einen Kuss, und bevor er sich eine gute Verteidigungsstrategie überlegen konnte, war sie schon verschwunden.

Während er nun auf den Beginn der Hochzeit wartete, wusste er, was auf ihn zukommen würde. Für einen Rückzieher war es zu spät. Er würde sie zum Altar führen, und nach der Trauung würden sie die Kirche verlassen und zum Festsaal gehen. Ein paar organisatorische Ansagen, der eine oder andere Trinkspruch, und dann würde es so weit sein. Es würde unausweichlich geschehen, wie Weihnachten.

Der Tanz.

Er war hereingelegt worden. Wie hatte das passieren können? Ausgerechnet ihm? Nach all den Jahren im Militärdienst, all den lebensgefährlichen Einsätzen und mit all seiner Erfahrung darin vorauszuahnen, was sein Gegenüber vorhatte, war er von seiner kaum dem Kindesalter entwachsenen Tochter in eine Falle gelockt und eingesackt worden. Unglaublich, aber wahr.

Und jetzt saß er hier fest, auf diesem wackligen Klappstuhl, und starrte auf die geschlossene Tür, hinter der Julia in ihrem Hochzeitskleid darauf wartete, einem anderen Mann ihr Jawort zu geben, ihn zu lieben und zu ehren in guten wie in schlechten Zeiten.

Sein Blick fiel auf das Programmheft in seiner Hand. Neben dem Programmablauf des Traugottesdienstes und der Lieder waren dort auch einige Verse über Liebe abgedruckt.

Die Liebe ist geduldig, die Liebe ist freundlich.

Er hatte Julia immer geliebt, aber ganz sicher hatte er ihr oft seine Liebe nicht praktisch gezeigt. Geduld war zum Beispiel keine seiner hervorstechendsten Eigenschaften. Und als sonderlich freundlich würde ihn wohl auch niemand beschreiben. Anderen Menschen liebevoll zu begegnen fiel ihm schwer. Als er Julias Mutter kennengelernt hatte, hatte er zum ersten Mal ein Aufflackern von diesem Gefühl in sich gespürt – eine Weichheit, die ihn verblüffte.

Gloria war auf ihre ganz eigene, besondere Art schön gewesen. Sie wohnte in der Nachbarschaft, und sie hatten sich schon ewig gekannt. Doch dann war etwas geschehen. An einem Tag war sie noch einfach ein Mädchen aus der Bande der Nachbarskinder, am nächsten war sie plötzlich eine Frau gewesen. Und was für eine Frau! Julia hatte große Ähnlichkeit mit ihrer Mutter.

Bei seiner Hochzeit war nicht getanzt worden. Gloria und er hatten ganz schlicht in ihrer kleinen Kirchengemeinde geheiratet und mit ihren Gästen im Gemeindesaal gefeiert. Aufgetischt wurden von ihren Familien selbstgemachte Salate und Desserts. Am nächsten Tag waren sie nach Deutschland aufgebrochen, wo er für drei Jahre stationiert gewesen war.

Gloria liebte das viele Unterwegssein, das sein Beruf mit sich brachte. Sie hatte die Gabe, jede Unterkunft, in der sie lebten, zu einem Heim zu machen. Wie gern war er zu ihr nach Hause gekommen. Bei ihr war alles so anders als in der Kaserne.

Ihre Schwangerschaft überraschte sie beide. Kinder waren eigentlich noch kein Thema gewesen, auch wenn Martin immer davon ausgegangen war, dass er eines Tages einen Sohn oder eine Tochter haben würde.

Gloria liebte Kinder. Die Kinder aus der Nachbarschaft waren bei ihnen stets willkommen. Immer stand ein Teller selbst gebackener Kekse in der Küche bereit, immer reagierte sie sofort auf ein Klopfen an der Wohnungstür.

Ja, er hatte Gloria geliebt. Sehr sogar. Und die Liebe zu ihr hatte ihn geduldiger und freundlicher werden lassen, aber das war es nicht, was ihn gerade beschäftigte. Sein Blick blieb an einem Vers hängen, der etwas in ihm zum Klingen brachte.

Die Liebe nimmt alles auf sich.

Er erinnerte sich noch gut daran, wie er Julia das erste Mal auf der Säuglingsstation des Armeekrankenhauses gesehen hatte. Er war noch wie betäubt gewesen von dem, was geschehen war. Zuerst war alles gut gelaufen, doch dann gab es Komplikationen. Große Hektik war ausgebrochen, die Schwestern hatten alle Hände voll zu tun gehabt, und die Ärzte waren durch die Gänge gestürmt, hatten ihm die Türen vor der Nase zugeknallt. Und überall war Blut.

Mit so etwas hatte niemand gerechnet. Das Kinderzimmer zu Hause war eingerichtet, alles war bereit für die Ankunft des Babys. Ihre gemeinsame Zukunft war ihm so sicher erschienen. Doch nun war Gloria plötzlich tot.

Er hatte vor der Scheibe des Säuglingszimmers gestanden, und eine Schwester hatte ihm das Baby gezeigt. Es trug eine rosa Strickmütze. Das kleine Gesicht war rot und zerknautscht und … wunderschön. In diesem Augenblick wusste er, dass er sie beschützen würde bis zu seinem letzten Atemzug. Er war bereit, sein Leben für sie zu geben.

Wie schnell die Jahre vergangen waren.

Drinnen in der Kirche wurde ein weiteres Lied gespielt. Julia war immer noch nicht aufgetaucht. Er lächelte. Sie hatte schon immer ihre eigene Art gehabt, die Dinge zu handhaben, ihren eigenen Zeitplan. Eigentlich hatte er sich vorgestellt, er würde seine Tochter genauso erziehen, wie er seine Männer führte: mit Konsequenz, Disziplin und Ordnung.

Das hatte nicht funktioniert.

Von der ersten Woche zu Hause an brachte sie Chaos und Unordnung in sein Leben ... und Rosa. Der Schock über Glorias Tod saß tief, und er wusste nicht, wie es weitergehen sollte. Die Haushälterin, die er schließlich eingestellt hatte, war ein absoluter Glücksgriff gewesen. Sie war unkompliziert und warmherzig, und sie schaffte es, das Haus in Ordnung zu halten und Julia das zu geben, was sie brauchte.

Durch seinen Beruf war er weiterhin viel unterwegs. Seine Erinnerungen waren daher lückenhaft wie ein Fotoalbum. Er hatte Karriere gemacht, und er war seinen Männern ein guter Vorgesetzter gewesen, aber der Preis dafür war hoch. Julias gesamte Kindheit hatte er nur punktuell miterlebt, und viel zu oft nur anhand von Fotos: Ein rennendes kleines Mädchen mit Zöpfen im Park. Ein scheu lächelndes Kind in einem Sonntagskleid. Ein unbeholfener Teenager, der mit vor der Brust verschränkten Armen etwas abseits stand.

Ja, er hatte dafür gesorgt, dass sie alles hatte, was sie brauchte. Aber hatte er ihr auch genug Liebe gegeben?

Die Liebe nimmt alles auf sich.

Der Vers tröstete ihn irgendwie. Denn trotz allem hatte er immer das Gefühl gehabt, dass sie glücklich war.

Er erinnerte sich daran, wie er sie zum College gebracht und, begleitet vom Kichern der anderen Mädchen, ihre Koffer und Kisten in ihr Zimmer geschleppt hatte. In dem Wohnheim war sie gut untergebracht gewesen. Er hatte keine Angst um sie gehabt.

Alles war also ganz gut gelaufen, bis zu dieser neuen Herausforderung. Einer Herausforderung mit Namen Douglas.

„Ich habe jemanden kennengelernt", hatte Julia ihm eines Tages berichtet.

Das kam ohne Vorwarnung wie aus heiterem Himmel. „Einen Jungen?"

„Ja, Papa." Sie rollte mit den Augen.

„Was willst du mit einem Jungen?"

„Papa, ich bin zwanzig Jahre alt. Was will ich da wohl mit einem Jungen? Du musst akzeptieren, dass ich dich eines Tages verlassen und heiraten werde."

„Heiraten?" Dieses Wort war wie eine feindliche Gewehrkugel, die direkt an seinem Kopf vorbeizischte. *„Heiraten?"*, hatte er wiederholt.

Ihr ganzes Leben lang hatte er für sie gesorgt, aber diese Sache konnte er nicht kontrollieren. Dieser Kerl, der sich in ihren Stützpunkt einschlich und so viele Risikofaktoren einschleppte …

Die Liebe nimmt alles auf sich.

Seine Finger strichen über die Worte auf dem Programmheft. Von Anfang an hatte er sie nicht vor allem beschützen können, auch wenn er es noch so sehr gewollt hatte. Da waren aufgeschürfte Knie und einmal ein gebrochener Arm gewesen. Da waren Mädchen im Kindergarten, die gemein zu ihr waren, über ihre altmodische Brotdose lachten und ihre Gefühle verletzten. Da war der Autounfall, zum Glück nur mit Blechschaden, den sie als Fahranfängerin verursacht hatte. Und auch vor den Konsequenzen einiger dummer Entscheidungen hatte er sie nicht bewahren können.

Und doch hatte er es immer als seine Hauptaufgabe gesehen, sie zu beschützen. Geheiratet hatte er nicht mehr. Der Gedanke, noch einmal jemandem so nahe zu sein und das Risiko, diesen Jemand dann wieder zu verlieren, war zu schmerzlich.

Und jetzt war alles anders. Sie würde ihn verlassen. Die Aufgabe, die neben seiner Arbeit in den vergangenen 20 Jahren sein Lebensinhalt gewesen war, würde bald erfüllt sein.

Seine Gedanken kehrten zu dem anstehenden Problem zurück. Der Tanz lag ihm schwer im Magen. Es war die Drehung, die ihm besondere Kopfschmerzen bereitete. Bei Miss Genevieve hatte er mit eigenen Augen gesehen, dass so eine Drehung leicht misslingen konnte. Julia und er hatten Privatstunden genommen, aber in dem großen Tanzsaal übte noch ein anderes Paar mit seinem Lehrer. Sie übten die Drehung, und Julia schaute bewundernd zu. Martin sah, wie die Frau elegant von dem Mann fortwirbelte. Und dann rutschte sie aus. Das ging so schnell, dass man kaum wusste, wie es geschehen war. Eine Drehung war nur möglich, wenn der Mann losließ, und das barg die Möglichkeit eines katastrophalen Unfalls.

Seine Kehle schnürte sich zu. Er würde seine Tochter verlieren.

Martin schüttelte den Kopf. Nein, die Drehungen würde er ganz bestimmt nicht machen. Dennoch übten sie sie gemeinsam. Wenn der Tanzlehrer mittanzte und entweder den Part der Frau oder des Mannes übernahm, dann klappte es recht gut. Doch wenn Vater und Tochter miteinander tanzten, sah es ganz anders aus. Er konnte Julias Hand einfach nicht loslassen. Er wollte es nicht.

„Mit etwas mehr Übung werden Sie das gut hinkriegen", hatte der Tanzlehrer gesagt.

Martin überlegte, was er tun sollte. Er könnte in geschlossener Position mit Julia tanzen, seine rechte Hand auf ihrem linken Schulterblatt, die Hände ineinander gelegt, und sie führen. Einen Schritt nach vorn. Einen Schritt nach rechts. Einen Schritt zurück, einen Schritt nach links. Das war nicht so schwierig. Selbst jetzt konnte er die Augen schließen und regelrecht spüren, wie seine Hand sie führte. Führen, das konnte er. Er hatte die Kontrolle. Er konnte die Reihenfolge der Schritte visualisieren wie bei einem militärischen Feldzug. Alles war klar festgelegt. Keine Unsicherheiten, nichts Unvorhersehbares.

Aber da war die Drehung ... der Augenblick, in dem er loslassen musste. Die Führungshand wurde vom Rücken der Tanzpartnerin genommen, die andere Hand losgelassen, und dann kam dieser unberechenbare Moment, wenn sie aus seinem Griff fortwirbelte.

Ihr schien genau das besonders zu gefallen.

„Muss die Drehung denn sein?", hatte er gefragt. Das Bild der gestürzten und verletzten Frau aus dem Tanzkurs stand ihm noch sehr eindrücklich vor Augen. „Können wir das nicht einfach auslassen?"

Der mitleidige Blick, den der junge Tanzlehrer mit seiner Tochter austauschte, war ihm nicht entgangen.

„Papaaa ...", hatte sie begonnen, und da hatte er gewusst, dass diese Sache nicht verhandelbar war.

„Schauen Sie, General." Der junge Tanzlehrer hatte seinen Platz eingenommen und mit einer Leichtigkeit, die Martin leider gänzlich fehlte, seine Tochter anmutig herumgewirbelt und dann genau zum richtigen Zeitpunkt die Arme gehoben und ihre Hand losgelassen, und Julia drehte sich lächelnd und mit geschlossenen Augen um die eigene Achse von ihm weg.

Bei der letzten Unterrichtsstunde hatte Julia den Tanz in ihrem Hochzeitskleid geprobt. Als Martin sie aus dem Umkleideraum kommen sah, so bildschön in ihrem weißen Kleid, eine erwachsene Frau, war er wie vom Blitz getroffen gewesen und hatte sich nicht mehr rühren können.

Sie hatte sich einmal um die eigene Achse gedreht, und das Kleid floss um sie herum. „Gefällt es dir, Papa?"

„Es ist ... du bist wunderschön", hatte er mühsam hervorgestoßen und die Tränen zurückgedrängt.

Das Kleid und Julias Schönheit erinnerten ihn an seine eigene Hochzeit, die trotz ihrer Schlichtheit ein wundervolles Erlebnis gewesen war. Gloria hatte das Hochzeitskleid ihrer Mutter getragen, ein altmodisches Spitzenkleid. Genauso wie er mochte sie Traditionen. Julia in ihrem Kleid öffnete einen wunden Punkt in ihm, der tief verborgen gewesen war: dass er Gloria sehr geliebt hatte. Und dass er nicht in der Lage gewesen war, sie zu beschützen.

Die Musik setzte ein, und sie begannen zu tanzen. Ein Schritt vor. Ein Schritt nach rechts. Ein Schritt zurück. Ein Schritt nach links.

Der Saal war in den Hintergrund getreten, und in diesem Augenblick gab es nur sie beide, Vater und Tochter, wie es immer nur sie beide gegeben hatte. Seine Hand lag beschützend an ihrem Rücken, seine Arme bildeten den „Rahmen" um sie, wie es ihm beigebracht worden war.

„Papa?", hatte sie seine Gedankengänge unterbrochen. „Papa, du hast die Drehung vergessen."

Widerstrebend löste er seine Hand von ihrem Rücken. Im hellen Licht des leeren Raumes beobachtete er, wie sie von ihm fortwirbelte, wie eine filigrane Schneeflocke, die davonschwebte.

An jenem Tag hatte er sich dazu überwunden, sie loszulassen, aber es noch einmal zu tun war unmöglich.

Da war wieder die Erinnerung daran, wie er Gloria losgelassen hatte. Als er endlich das Zimmer betreten durfte, hatte er den Soldaten herausgekehrt und den Ärzten und Krankenschwestern Befehle erteilt, bis er bemerkte, dass sich in dem kleinen Raum niemand rührte. Sie war so schwach gewesen, und er hatte gespürt, wie sie ihm entglitt. Er hatte Gloria nicht beschützen können. Sie war tot.

Er war dabei gewesen, wenn Männer in der Schlacht ihr Leben verloren. Manchmal kam der Tod plötzlich, wenn ein Soldat auf eine Mine trat oder unter Beschuss geriet. Aber manchmal kam er auch schleichend. Die Art, wie ein Mann lebte, bestimmte auch, wie er starb, und Martin hatte miterlebt, wie unterschiedlich Menschen auf das Herannahen des Todes reagierten. Einige wehrten sich bis zum Schluss erbittert dagegen. Andere kämpften zwar um ihr Leben, schienen dann aber ihren inneren Frieden zu finden. Vielleicht war das die Art, wie Gott die Seinen beschützte. Nicht, indem er den Körper bewahrte, sondern den inneren Kern des Menschen, das, was das eigentlich Wichtige war.

Dieser Gedanke schenkte ihm Frieden.

Angst vor dem Tod hatte er nie gehabt. Alle Menschen mussten sterben. Die Sterblichkeitsrate der menschlichen Rasse lag bei 100 %, aber wenn nach dem Tod noch etwas Besseres kam, bedeutete das, dass der Tod sie nicht zerstören kann.

Und während er da im Flur auf seinem wackligen Klappstuhl saß, begann er zu beten. Es war das Gebet, das er vor jedem Einsatz gesprochen hatte. Er hatte Gott immer gebeten, bei ihm zu sein, ihn stark zu machen für seine Männer. Jetzt bat er ihn darum, ihn stark zu machen für seine Tochter.

Die Liebe nimmt alles auf sich.

„Lieber Gott", betete er. „Ich vertraue sie dir an."

Und damit ließ er seine Tochter los, wie er sein eigenes Leben bei jedem Einsatz in Gottes Hand gelegt hatte. Irgendwo tief in seinem Innern legte er auch den Schmerz über den Verlust von Gloria in Gottes Hand. Gott war bei ihm gewesen, und er vertraute darauf, dass Gloria ebenfalls bei ihm war, irgendwo, irgendwie.

„Alles in Ordnung, General?" Die Hochzeitsplanerin hockte mit besorgtem Gesicht vor ihm.

„Ich habe etwas ins Auge bekommen", erklärte er schroff und rieb sich über das Gesicht. Entschlossen richtete er sich auf und straffte die Schultern.

Die Hochzeitsplanerin seufzte. „Julia ist nirgends zu finden, und so langsam wird es kritisch. Vielleicht könnten Sie ja einmal nach ihr Ausschau halten? Sind Sie bereit?", fragte sie.

Er schüttelte alle Erinnerungen und Gedanken ab, klopfte

imaginären Staub von seiner Uniform und rückte die Medaillen an seiner Brust gerade. Schließlich erhob er sich, streckte sich und strich seine Uniform glatt.

„Ich bin bereit", erwiderte er. Und ihm wurde klar, dass das stimmte.

Er fühlte sich leichter, als sei eine große Last von seinen Schultern genommen worden.

Das Leben und der Glaube waren in vieler Hinsicht mit einem Tanz zu vergleichen. Es gab Phasen der Annäherung und des Auseinanderstrebens. Immer lag allem der Wunsch nach Nähe zugrunde, und immer musste man sich bemühen, die Schritte zu lernen. Die Angst vor einem Fehltritt war allgegenwärtig, und tatsächlich trat man sich oft gegenseitig auf die Füße. Aber Gott war treu. Seine Führung war sicher, seine Füße kannten jeden Schritt.

„Danke", sagte er leise.

Und dann machte er sich auf die Suche nach seiner Tochter.

Kapitel 11

Die Liebe verliert nie den Glauben

„Guter Hund", flüsterte Walter und steckte Petey das letzte Stück seines Frühstückstoasts zu. Er hielt den Hund dicht bei sich, damit er nicht unruhig wurde. Die Empore der alten Kirche war einer ihrer Lieblingsorte.

Petey schlang gierig das Wurststück hinunter und leckte anschließend das Fett von Walters Hand. Seine großen braunen Augen blickten voller Dankbarkeit zu seinem Herrchen auf. Walter strich ihm über den Kopf und kraulte ihn hinter den Ohren.

„Guter Hund", flüsterte er erneut. Immer steckte er ein Stück Brot oder ein kleines Würstchen aus der Suppenküche für Petey ein, und Petey wusste genau, dass er mit einem Leckerbissen rechnen konnte.

Walter lehnte sich an die Wand. Ein Hustenreiz kratzte in seinem Hals, doch er unterdrückte ihn mühsam. Erneut war der Drang zu husten da, dem er kaum widerstehen konnte. Er nahm die Wasserflasche und trank einen kleinen Schluck. Auf keinen Fall durfte er entdeckt werden. Erst, wenn die Orgel wieder spielte, würde er dem Hustenreiz nachgeben können. Noch schlimmer wäre ein Niesen gewesen, weil das selbst über die Orgeltöne hinweg zu hören sein würde. Er durfte nicht niesen. Doch allein bei dem Gedanken begann seine Nase zu jucken.

Petey wedelte mit dem Schwanz und legte zufrieden den Kopf

auf Walters Bein. Beide hockten versteckt auf dem Boden der Empore. Petey winselte leise; er wollte noch mehr Wurst.

„Schsch."

Petey beruhigte sich wieder.

Die klimatisierte Luft tat gut. Es war heiß heute, über 30 Grad. Das kleine provisorische Zelt im Wald hinter der Kirche war für die Nacht in Ordnung, aber die Hitze in diesem Sommer war sehr drückend, und tagsüber mussten sie Schutz suchen. Die Empore der Kirche war perfekt. Niemand kam jemals hierher. Der Staub auf den Gesangbüchern war der Beweis dafür.

Hinter der Kirche gab es eine Seitentür mit einer Treppe, die zur Empore führte. Durch diese Tür konnte er unbemerkt in die Kirche schlüpfen. Pastor Higgins ließ sie für ihn offen.

Manchmal hielt Walter sich hier auf, wo niemand ihn sehen konnte, und wenn die Kirche abends versperrt wurde, ließ er sich einschließen. In der Kirche war es nachts so friedlich. Manchmal streiften er und Petey durch die dunklen Räume. Etwas Licht spendeten dann nur die Lampen über den Notausgängen in den Fluren.

Schlimm an der Obdachlosigkeit fand Walter, dass man niemals in ein Haus eingeladen wurde. Die Leute steckten ihm Geld oder etwas zu essen zu, aber sie luden ihn nie in ihr Heim ein. Er hatte beinahe vergessen, wie es war, Gast in einem Haus zu sein.

In der Kirche gab es eine kleine Küche mit einem schmalen Herd, einer Mikrowelle, einer Kaffeemaschine und einem Kühlschrank. Manchmal trank er den kalten Kaffee, der noch in der Kaffeekanne stand. Oder er durchsuchte den Mülleimer nach Resten des Mittagessens von Pastor Higgins oder der anderen Angestellten.

Eines Abends hatte er in der kleinen Küche eine Packung mit

kleinen Traubensaftflaschen entdeckt. Als er sich den vollmundigen Geschmack des Traubensafts vorstellte, den er noch aus seiner Jugendzeit kannte, war ihm das Wasser im Mund zusammengelaufen. Die dunkelrote Flüssigkeit erinnerte ihn an süßen Sirup, und bevor er richtig darüber nachgedacht hatte, hatte er eine der kleinen Glasflaschen aus der Packung genommen, den Deckel aufgedreht und sie leer getrunken.

Den Geschmack des Safts hatte er immer noch auf der Zunge. Die kleine Flasche steckte er in seinen Rucksack. Schuldgefühle stiegen in ihm hoch, weil er den Saft gestohlen hatte, und die Flasche war ein Beweisstück.

Wieder plagte ihn der Hustenreiz. Die Orgelmusik erfüllte die kleine Empore, und Walter war dankbar dafür. Wenn man im Wald schlief, fing man sich ganz schnell eine Erkältung ein.

Er griff in seine Tasche und holte einen letzten Bissen Wurst für Petey heraus. Petey drückte seine Schnauze fest an ihn. Er liebte ihn.

Gefrühstückt hatte Walter bereits in der Suppenküche. Petey hatte geduldig im Schatten der herrlich blühenden Kreppmyrte auf ihn gewartet. Heute Abend würden sie wieder etwas zu essen bekommen. Aber den langen Nachmittag mussten sie hier auf der Empore verbringen.

Auch Petey mochte die Kirche, zumindest hatte Walter diesen Eindruck. Als sie hierher aufgebrochen waren, hatte Petey den Kopf etwas höher gehalten, und seine Schritte hatten sich beschleunigt.

Der Grund dafür war vielleicht, dass Walter Petey hier in der Gegend gefunden hatte. Das war eines Morgens ganz früh gewesen, als die Sonne gerade aufging und Walter die Müllcontainer hinter dem Einkaufszentrum durchsuchte. Unglaublich, was die Geschäfte wegwarfen. In diesem Einkaufszentrum ließen sie die noch essbaren Sachen meistens ganz oben im Container liegen. Walter hatte den Eindruck, dass da jemand an ihn dachte.

An jenem Morgen wartete auf jeden Fall eine angenehme Überraschung auf Walter, als er über den Rand des Müllcontainers spähte: Ein Welpe begrüßte ihn mit einem Grinsen und einem Schwanzwedeln. Das Hündchen war noch sehr klein. Offensichtlich hatte es jemand loswerden wollen. Dafür, dass der Welpe einfach ausgesetzt worden war, war er in guter Verfassung. Walter holte ihn aus dem Müllcontainer.

„Du bist kein Müll", sagte er zu dem Welpen.

Und diese Worte galten auch für ihn. Petey schien zu verstehen. Er blieb bei Walter, und seit jenem Tag war er nicht mehr von seiner Seite gewichen. Und wann immer Walter Petey etwas zu fressen gab und ihn streichelte, war es so, als würde er sich selbst Nahrung und Liebe schenken.

Heute würden sie vielleicht über Nacht in der Kirche bleiben. Petey schmiegte sich an ihn und schloss die Augen. Sein Schwanz wedelte leicht, als wüsste er, was Walter dachte.

Was er heute Abend wohl in der Küche finden würde? Einmal hatte ein Geburtstagskuchen im Kühlschrank gestanden, ein Kuchen aus dunkler Schokolade mit einem schneeweißen Guss, saftig und verlockend. Der Anblick weckte in ihm Erinnerungen und Sehnsucht nach den Geburtstagen seiner Kindheit, als seine Mutter in der Küche Kuchenteig angerührt und dabei gesungen hatte.

Er hatte eine schmale Scheibe von dem Kuchen abgeschnitten und sich die Schokolade auf der Zunge zergehen lassen. Der Zuckerguss schmolz in seinem Mund. Er hatte sich noch ein Stück abgeschnitten und dann noch eins und in Erinnerungen an seine Kindheit geschwelgt. Er hatte eine schöne Kindheit gehabt, voller Liebe.

In der vergangenen Woche hatte er in der Küche etwas anderes vorgefunden – ein in Wachspapier eingewickeltes Sandwich, eine kleine Tüte Chips und eine Flasche Traubensaft. Das schien jemand für ihn bereitgestellt zu haben. Nein, das konnte doch nicht sein. Aber welche Erklärung gab es sonst dafür?

Er hatte das Sandwich ausgepackt und hineingebissen. Lyonerwurst! Seine Lieblingswurst. Es erinnerte ihn an die Sandwichs, die seine Mutter früher in seine Brotdose gepackt hatte. Das Weißbrot klebte ihm am Gaumen und er genoss jeden Bissen. Köstlich. Die Chips waren so wunderbar würzig und knackig in seinem Mund. Der Saft süß und dick.

Unter der Arbeitsfläche fand er einen Besen und ein Kehrblech. Er begann die kleine Küche aufzuräumen, spülte die schmutzige Kaffeekanne und schrubbte das Spülbecken blitzblank. Anschließend fegte er den Boden und wischte ihn feucht. Das fühlte sich gut an. Er fühlte sich gut.

An einem anderen Abend lagen dort ein belegtes Brötchen und ein Apfel, aber auch Seife, ein Handtuch und ein Rasiermesser. Das Brötchen hatte er gegessen, die anderen Dinge jedoch lieber liegen gelassen. Konnte das wirklich für ihn sein?

Am folgenden Abend hatten Seife, Handtuch und Rasiermesser immer noch da gelegen, und er hatte sich Gesicht und Hände auf der Toilette der Kirche gewaschen. Im Spiegel über dem Waschbecken hatte er sich kaum erkannt. Sein Bart war verfilzt und grau; in seinen Augen lag ein gehetzter Blick.

Seine Kleidung war dreckig, und dass die Leute, denen er auf der Straße begegnete, ihm aus dem Weg gingen, war für ihn ein Hinweis darauf, dass er auch unangenehm roch. Wenn er im Bus fuhr, standen die Leute in seiner Nähe häufig auf und suchten sich einen anderen Platz.

Ja, er war schmutzig. Aber wie sollte man sich sauber halten, wenn man nicht duschen konnte? Großzügig seifte er sich den Bart ein und schabte ihn mit dem Rasiermesser ab, bis er den Mann, der sich darunter verbarg, wieder erkennen konnte. Das Gefühl und der Duft der Seife auf seiner Haut taten gut.

„Petey", hatte er gesagt. „Was meinst du?"

Doch Petey hatte ihn nur mit seinen großen braunen Augen angeblickt. Er akzeptierte und liebte ihn, ganz egal, ob mit Bart oder ohne.

Anschließend hatte Walter den Müll nach draußen getragen und erneut den Küchenboden gewischt. Danach liefen Petey und er durch die leeren Flure hinauf zur Empore und legten sich auf den Samtkissen schlafen, die er von den Bänken genommen und auf dem Boden ausgebreitet hatte.

Immer wieder rieb Walter sich über seine glatt rasierten Wangen. Gestern hatte neben dem Sandwich ein sauberes Hemd gelegen. Es fühlte sich auf seiner Haut so weich an.

Gleich würde hier also eine Hochzeit stattfinden. Walter hatte sich ein Programmheft mitgenommen, als er vor dem Eintreffen der Hochzeitsgäste auf die Empore geschlüpft war. Er liebte Hochzeiten. Die Orgelmusik, die tiefe Stimme von Pastor Higgins, wenn er den Segen sprach, die strahlende Braut. Auf keinen Fall durfte er husten, wenn die Braut durch den Mittelgang schritt. Er trank noch einen Schluck Wasser.

Die Orgelmusik setzte ein. Es war das Präludium, der Beginn einer Reihe von sanften Musikstücken, bei denen die Gäste in der Viertelstunde vor Beginn der Trauung zur Ruhe kommen sollten. Auch Walter und Petey würden in den Genuss kommen. Walter verhielt sich ganz still und genoss die kraftvollen Orgelklänge. Peteys Augen schlossen sich, als würde auch ihm die wunderschöne Musik gefallen.

Walter schaute in das Programmheft. Die abgedruckten Bibelverse wurden häufig für Hochzeiten ausgewählt: *Liebe. Liebe. Liebe.* Sie waren sehr schön, hatten aber mit der Wirklichkeit nicht viel gemeinsam. In der realen Welt war die Liebe nicht freundlich. Die Liebe war nicht geduldig. Die Liebe glaubte nicht alles.

Walter hatte schon lange niemandem mehr vertraut. Außer Pastor Higgins … ihm könnte er vielleicht vertrauen. Vielleicht aber auch nicht.

An einem Tag in der vergangenen Woche hatte er von seinem Platz auf der Empore aus gehört, wie eine Frau in die Kirche gekommen war. Mitten am Tag. Das war ungewöhnlich. Er konnte nur ihren Rücken sehen, als sie hereinkam und nach vorne zum Altar ging. Ganz schnell duckte er sich und hielt Petey fest.

Ihre Schritte hallten noch kurz in der leeren Kirche wider, dann herrschte Stille. Und dann drang ein Schluchzen zu Walter herauf. Unwillkürlich erstarrte er und überlegte, was er tun sollte. Aber er konnte gar nichts tun. Es war nicht richtig zu lauschen, aber er konnte hier ja nicht weg.

„Es tut mir leid, Vater", sagte sie. „Vergib mir."

Walters Herz flog der Frau entgegen, und er verhielt sich ganz still. Die Frau blieb noch eine Weile sitzen, und schließlich hörte sie auf zu weinen. Eine friedliche Stille herrschte in der Kirche.

„Danke, Vater."

Walter hörte die Schritte der Frau, als sie die Kirche wieder verließ.

Diese weinende Frau konnte er nicht vergessen. Auch ihm war zum Heulen zu Mute. Das Weinen der Frau hatte irgendwie ansteckend auf ihn gewirkt. Eine Träne war ihm über die Wange gelaufen.

„Es tut mir leid, Vater", hatte er wie die Frau gesagt, aber bei ihm hatte sich keine Erleichterung eingestellt, und er wusste auch nicht so genau, was ihm leid tat.

Manche Menschen dachten, dass er nicht lesen könnte oder nicht gebildet sei, weil er obdachlos war. Aber das stimmte nicht. Sicher, sein Studium war schon lange her. Es war damals eine ganz andere Zeit gewesen, aber die drei Jahre auf dem College waren toll gewesen. Er erinnerte sich noch gut daran, wie er immer in der Bibliothek herumgestöbert hatte. Doch dann war ihm das Geld ausgegangen, und er hatte sich zum Militärdienst gemeldet.

Die Leute, die ihm in seinem jetzigen Zustand begegneten, wussten natürlich nichts davon. Sie sahen seine schmutzige Kleidung und seinen verfilzten Bart und bildeten sich sofort eine Meinung über ihn. Gescheiterte Existenz. Vermutlich ein Säufer. Hoffnungsloser Fall.

„Es tut mir leid, Vater", hatte er dort auf der leeren Empore geflüstert.

Er hatte eine Weile gewartet und dann wie die Frau gesagt: „Danke", aber da war keine Erleichterung zu spüren. Die Verbindung fehlte. Es waren nichts als Wörter ohne Bedeutung.

In seinem Innern gab es einen Ort, der fest verschlossen war, wie eine Kiste, deren Deckel zugeschraubt war. Darin hatte er die Dinge weggeschlossen, die zu schrecklich waren, um darüber nachzudenken. Er durfte nicht zulassen, dass sie sich in seine Gedanken einschlichen.

Der Krieg war so ganz anders gewesen, als er sich das als junger Mann vorgestellt hatte. Er hatte Dinge gesehen, an die er sich nicht erinnern wollte. Diese Dinge hatte er in dieser Kiste verstaut. Und auch alles, was er selbst getan hatte. Dinge, die für immer ganz tief in ihm weggeschlossen bleiben mussten.

In dieser Kiste lagen auch gute Dinge, aber manches davon war zu schmerzlich.

Früher, in einem anderen Leben, war er verheiratet gewesen. Auch er hatte einmal vor dem Altar einer Kirche gestanden und seine Braut angeschaut, die durch den Mittelgang auf ihn zugeschritten kam. Sie waren noch so jung gewesen, und wenn sie gewusst hätten, wie alles laufen und was geschehen würde, dann hätte Sara auf dem Absatz kehrtgemacht und wäre aus der Kirche geflüchtet. Vielleicht hätte sie dann Jim Carson geheiratet.

Walter entspannte sich ein wenig, und Petey drückte sich noch enger an ihn. Nur zu gern wäre er irgendwie zu dieser Zeit zurückgekehrt, aber das ging nicht. Der Krieg hatte ihm seinen Frieden und seine Freunde genommen, und die Erinnerungen und Alpträume ließen ihm keine Ruhe.

Als er von seinem ersten Einsatz zurückkehrte, hatte er sich wirklich bemüht, und Sara und ihre gemeinsame Tochter Susanne waren sehr geduldig mit ihm gewesen. Er hatte sich so sehr gewünscht, es möge klappen, aber er war selbst bei den kleinsten Nichtigkeiten explodiert, und die Alpträume wollten einfach nicht aufhören.

Einmal war er mitten in der Nacht aufgewacht und hatte festgestellt, dass Sara nicht neben ihm lag. Er fand sie in einem Sessel im Wohnzimmer, ganz allein im Dunkeln.

„Was ist los?" Er hatte sich neben sie gehockt und ihre Hand genommen.

„Ich habe Angst, Walter."

„Wovor?"

„Ich habe Angst vor dir."

Diese Worte taten ihm weh, doch er verstand sie gut. Er hatte selbst Angst vor sich.

Am nächsten Tag war er fortgegangen, und es war eine Erleichterung für ihn, frei von den ständigen Schuldgefühlen zu sein, sich nicht mehr zusammenreißen zu müssen, die Enge des Hauses nicht mehr ertragen zu müssen. Jetzt brauchte er nicht mehr so zu tun, als sei alles in Ordnung. Er brauchte keine Angst mehr zu haben, jemanden mit seinen Albträumen, dem Schreien und den Schweißausbrüchen zu verschrecken. Im Freien, draußen im Wald, fühlte er sich sicherer als in jedem Haus.

Die Orgelmusik änderte sich. Die Angehörigen hatten jetzt ihre Plätze aufgesucht und die Brautjungfern standen im Vestibül bereit, um gleich langsam durch die Kirche zu schreiten und vor dem Altar Aufstellung zu nehmen.

Schon wieder dieser Hustenreiz. Das Wasser half ihm kaum noch, ihn zu unterdrücken. Auf keinen Fall durfte er ihm jetzt nachgeben.

Ihm fiel auf, dass die Orgel immer weiter und weiter spielte, viel zu lange nun schon, und lauter Musikstücke, die ganz eindeutig nur Lückenfüller waren.

Konnte er es riskieren, nach unten zu sehen? Vorsichtig schob er Peteys Kopf von seinem Bein und drehte sich auf den Bauch. Wie ein Soldat robbte er auf dem Bauch nach vorn, bis er ins Kirchenschiff spähen konnte. Der Bräutigam und die anderen hatten ihre Plätze vor dem Altar eingenommen. Die Gäste saßen in den Bänken. Aber irgendetwas stimmte nicht, denn die Orgel spielte, um Zeit zu überbrücken.

Da war Pastor Higgins. Walter hatte nun schon etliche seiner Predigten gehört und das Gefühl, ihn ein wenig zu kennen. In seinen Predigten erzählte der Pastor oft von seinen eigenen Sorgen und den Problemen, mit denen er zu kämpfen hatte. Nach dem Tod seiner Frau litt er unter Einsamkeit und Niedergeschlagenheit. Seine Frau war an Krebs gestorben, und nach ihrem Tod hatte er nicht wieder geheiratet. Zweifel an der Liebe Gottes hatten ihn gequält.

Als Walter an diese Geständnisse dachte, nickte er. Auch er hatte sich oft gefragt, ob Gott sich um ihn kümmerte. Auch er war einsam.

Er robbte sich wieder von der Brüstung weg.

Interessierte sich Gott für ihn? Wieso hatte Walter dann seine Familie und alles verloren, was er geliebt hatte? War Gott das denn vollkommen egal? Kümmerte es ihn nicht, dass Walter und so viele andere Menschen auf der Straße lebten und obdachlos waren? Ganz zu schweigen von denen, die mit ganz anderen Problemen zu kämpfen hatten.

Walter schaute erneut in das Programmheft. *Die Liebe verliert nie den Glauben.* Er konnte nicht anders, als zynisch aufzulachen. Alles, was er geglaubt hatte, hatte sich als falsch erwiesen. Alle, denen er sein Vertrauen geschenkt hatte, hatten ihn im Stich gelassen – seine Eltern, sein Land, seine Frau … und Gott.

Aber dennoch, hier in der Kirche fühlte er sich sicher. Hier auf der Empore, auf den Sitzpolstern, wenn er das Buntglasfenster über sich betrachtete. Das Sonnenlicht fiel durch das Fenster, und das farbige Glas nahm das Licht auf, gab es an ihn weiter und malte bunte Muster auf seine Brust.

Auf dem Fensterbild war Jesus zu sehen, in einem purpurnen Mantel. Ein Mann lag zu seinen Füßen und ein goldener Heiligenschein umgab seinen Kopf. Voller Hoffnung blickte der Mann zu Jesus auf, und Jesus sah ihn liebevoll an. Walter sehnte sich nach dieser Art der Liebe. Könnte Jesus auch ihn so lieben? Vielleicht, wenn er sich endlich zusammenreißen könnte … nur dass er nach dem Krieg in tausend Einzelteile zerfallen war, die er nicht wieder zusammensetzen konnte. Wer wäre einer solchen Aufgabe gewachsen?

Er schaute hoch zu dem Fensterbild. Das Gesicht von Jesus schien ihm zugewandt zu sein. „Was denkst du?", betete er. „Was denkst du von mir?"

Er konzentrierte sich auf das Fenster, die einzelnen kleinen Farbfelder. Der hereinfallende Sonnenschein ließ die Farben aufstrahlen. Und da bemerkte er es: Das Buntglasfenster bestand aus tausend Einzelteilen, genau wie er. Lauter kleine Fragmente, die einzeln betrachtet einfach nur wertlose Scherben waren. Scharfkantig, nutzlos. Abfall. Aber das waren sie nur, solange niemand erkannte, was sie darstellten. Dass jedes von ihnen wichtig war. Was sie sein konnten, wenn jemand sie aufsammelte und zu einem großen Ganzen zusammenfügte. Jemand wie der Mann auf dem Bild.

Walter schaute wieder in das Gesicht von Jesus. *Du bist kein Abfall.* Das war es, was die Augen Jesu ausdrückten.

Seine Sehnsucht, von jemandem so erkannt zu werden, war groß. Schon lange hatte er nichts und niemanden mehr so nah an sich herankommen lassen. Er spürte, wie seine Kehle eng wurde und Tränen aus seinen Augen tropften. Petey winselte leise und leckte ihm die Tränen fort.

Das Fensterbild verursachte in ihm einen tiefen Schmerz, doch er konnte den Blick einfach nicht davon abwenden. Die Hände von Jesus waren es, die ihn faszinierten, diese Zärtlichkeit.

Er konzentrierte sich nun auf den Mann, dem Jesus sich zugewandt hatte. Er trug Lumpen. Das war ihm bisher gar nicht aufgefallen. Und die Hände des Mannes waren mit Wunden übersät. Die Menschen in seiner Nähe wichen entsetzt vor ihm zurück. Der Mann war ein Ausgestoßener. Wie Walter.

Doch der Mann war offensichtlich zu Jesus gekommen. Dieser Ausgestoßene vertraute Jesus.

Einem solchen Mann könnte ich auch vertrauen, dachte Walter, während sein Blick wieder an Jesus hängen blieb. *An einen Gott, der einen Ausgestoßenen wie mich liebt, könnte ich glauben.*

Eine tiefe Sehnsucht erfüllte sein Herz.

Dort im hellen Sonnenlicht und in der Wärme, die das Fenster hereinließ, fühlte er sich geliebt und auch getröstet. Vielleicht hatte Gott ihn doch nicht vergessen.

Voller Liebe blickte Petey zu ihm auf. Petey war der Einzige, der das tat. *Die Liebe verliert nie den Glauben.* Petey war die Verkörperung von dieser Art der Liebe.

Er könnte Peteys Namen in den Vers einfügen, und jedes Wort würde auf ihn zutreffen.

„Petey ist geduldig", flüsterte er Petey zu, und der Hund wedelte mit dem Schwanz, trommelte mit dem Schwanz auf den Holzfußboden.

„Petey ist freundlich." Klopf, klopf.

„Petey verliert nie den Glauben." Klopf, klopf.

Bei diesem Satz musste er lächeln. Petey blickte Walter hechelnd an und klopfte ein paar Mal mehr auf den Boden.

Es stimmte: Petey liebte ihn ganz offen und stellte nie irgendwelche Bedingungen an ihn. Er verzieh ihm sofort, wenn er ihm versehentlich auf die Pfote getreten hatte. Petey zweifelte auch nie daran, dass Walter für ihn sorgen würde. Er verließ sich darauf, dass Walter ihm etwas zu fressen gab und einen Unterschlupf und eine warme Decke für sie beide in der Nacht fand. Könnte er Gott vertrauen, wie Petey ihm vertraute?

Er erinnerte sich an die Brötchen. Den Saft und die Chips. Die unverschlossene Tür in der Kirche. Jemand sorgte für ihn. Er vermutete, dass es der Pastor war, aber vielleicht war es eigentlich Gott.

Er dachte daran, wie er sich eben gefühlt hatte, als er in das durch das Fenster einfallende Licht geblickt hatte. Er hatte Verbindung aufnehmen wollen mit etwas, das größer war als er selbst. Mit jemandem, der aus den Scherben ein herrliches buntes Bild machen konnte.

„Vergib mir, Vater", flüsterte er.

Die Tränen begannen zu fließen.

Die Kiste in seinem Innern öffnete sich einen kleinen Spalt. Was immer darin lag, er konnte es Gott anvertrauen. Er würde wissen, wo es hingehörte. Frieden breitete sich in ihm aus.

„Danke, Vater", sagte er, genau wie die Frau in der vergangenen Woche.

Und dieses Mal war es anders. Irgendetwas brach sich in ihm Bahn. Da war Wärme, und ein kleiner Lichtstrahl fiel in die tiefe Dunkelheit in seinem Innern. Einem Gott, der einen in Lumpen gekleideten Mann berührte, konnte man vertrauen.

Vielleicht würde er nach der Hochzeit mit Pastor Higgins sprechen. Vielleicht war es an der Zeit, Heilung zu suchen.

„Danke, Vater", sagte er noch einmal.

Und dieses Mal meinte er es ernst.

Kapitel 12

Die Liebe verliert nie die Hoffnung

Ein Kater würde sein Leben zerstören. Ironie des Schicksals.

Mit aller Kraft trat Richard die Pedale der Orgel und ließ seine Finger über die Tasten gleiten. Während er spielte, stand ihm der verhasste Kater vor Augen, und er griff noch etwas fester in die Tasten.

Eigentlich sollte er mittlerweile bereits die Raum füllenden Akkorde von „Trumpets Voluntary" spielen. Eigentlich hätte er die Hochzeitsgäste sogar schon mit dem fröhlichen Hochzeitsmarsch von Mendelssohn zu Tränen rühren sollen, während die Braut durch den Mittelgang zum Altar schritt. Irgendetwas lief hier gewaltig schief.

Donna neben ihm streckte die Hand aus, um die Seite umzublättern. Nur wegen ihr hatte Richard überhaupt Noten auf dem Notenständer stehen. Damit sie sie für ihn umblätterte. Wenn sie sich vorbeugte, um an ihm vorbeizugreifen, atmete er den Duft ihres Veilchenparfüms ein. Immer derselbe Duft. Leicht und frisch. Donna selbst war wie ein frischer Luftzug. Eine Freude. Freundlich zu allen, auch zu diesem elenden Felltier mit Namen Mr Darcy.

Oh, dieser Kater.

Richards Finger flogen über die Tasten, aber seine Gedanken waren woanders: Würde Donna Ja sagen? Oder würde der Kater am Ende gewinnen, wie immer? Sogar bei dieser Hochzeit war er dabei! Er hockte in seiner Transportkiste im Büro des Pastors, weil Donna ihm alle zwei Stunden seine Medizin geben musste. Du meine Güte!

Während seine Hände die Tasten bearbeiteten, fiel Richard auf, wie lange er jetzt schon spielte. Die Trauung verzögerte sich, aber den Grund dafür kannte er nicht. Die Hochzeitsplanerin hatte ihm zugezischt, er solle einfach weiterspielen und Zeit schinden. Es schien irgendein Problem zu geben.

Was jetzt? Etwas aus Händels Wassermusik. Die Klassik ließ ihn nie im Stich. Danach könnte er alte Heilslieder spielen, seine Lieblingsstücke. „Wie groß bist du" und „Amazing Grace".

Vor ihm standen jede Menge Notenblätter, aber Richard spielte schon so lange Orgel, dass er sie nicht mehr brauchte. Er konnte Stunden mit Musik füllen, vermutlich sogar Tage. Wenn die Diakone zu lange für die Kollekte brauchten, improvisierte er beim Interludium einfach ein wenig. Wenn sich das Austeilen des Abendmahls hinzog, wiederholte er den Refrain eines Liedes mit ein paar Ausschmückungen hier und da. Und stets beendete er sein Spiel genau zum richtigen Zeitpunkt.

Beinahe war es so, als hätte er in seinem ganzen Leben immer nur auf den richtigen Zeitpunkt gewartet.

In letzter Zeit war das Warten von einer guten Portion Hoffnung geprägt gewesen. Der Hoffnung, im richtigen Augenblick den nötigen Mut aufzubringen. Der Hoffnung, dass die Antwort ein Ja wäre. Der Hoffnung, dass Donna ihn wollen würde. Er wünschte sich das so sehr wie nichts anderes auf der Welt.

Aber nach dem Zwischenfall mit Mr Darcy hatte er Zweifel, ob Donna sich zu einem Ja durchringen würde, und beinahe könnte man meinen, der Kater hätte das mit Absicht gemacht. Schließlich war allgemein bekannt, dass Katzen hinterhältige Tiere waren.

Vor fünf Jahren hatte er Donna kennengelernt. Ihr Anblick hatte ihn umgehauen. Sie entsprach genau dem, was er sich von einer Frau erträumte. Vor ihr hatte sich irgendwann die Angst eingeschlichen, dass er vielleicht nie heiraten würde, dass er möglicherweise ein ewiger Junggeselle bleiben würde. Schließlich war er schon 40. Doch dann war Donna gekommen. Ihre Mutter gehörte schon lange zur Gemeinde, und nun, da sie älter wurde, war Donna in die Stadt gezogen, um sie zu unterstützen.

Von seiner Orgelbank aus hatte Richard sie jeden Sonntag beobachtet. Da saß sie, bescheiden in den hinteren Bankreihen, ein wenig altmodisch in ihren Blümchenkleidern und den schlichten Schuhen. Für Richard war sie einfach vollkommen. Nie hatte sein Spiel so inspiriert geklungen. Die Musik hatte aus den Pfeifen gedröhnt wie die Stimme Gottes selbst. Er hatte versucht, sie sagen zu lassen: „Schenk dem Mann an der Orgel doch Beachtung. Bemerke Richard!"

Jeden Sonntag beim Postludium beobachtete er, wie sie die Kirche verließ. Und als er schon dachte, er würde sie nie persönlich kennenlernen, tauchte sie eines Abends bei der Chorprobe auf.

Er hätte sie gern angesprochen, aber er brachte den Mut dazu nicht auf. Solange er sie nicht ansprach, konnte er hoffen. Wenn sie ihn erst mal zurückgewiesen hatte, gab es keine Hoffnung mehr. Das war eigentlich unlogisch, und er wusste es, aber er konnte sich einfach nicht überwinden, auf sie zuzugehen.

Doch schließlich bot er ihr einmal an, sie nach Hause zu bringen. Sie hatte eingewilligt, und sie hatten sich auf der Fahrt nett unterhalten. Er verabschiedete sich an der Tür des kleinen Hauses von ihr, und mit beschwingtem Schritt kehrte er zu seinem Auto zurück.

In den ersten Monaten hatte Richard keine Ahnung von Mr Darcys Existenz gehabt. Eines Abends hatte er in seinem Garten einen Strauß Hortensien gepflückt. Donna und ihre Mutter Mildred würden sich bestimmt über die Blumen freuen. Das war eine gute Idee von ihm gewesen. Er konnte sich nicht vorstellen, dass sich jemand nicht über Hortensien freuen würde. In aller Eile band er die Stängel mit einem Band zusammen. Die Farbenpracht der blauen Blüten sprach von Hoffnung.

Donna hatte ihm die Tür geöffnet, und es war herrlich, wie sehr sie sich freute, ihn zu sehen.

„Wunderschön", hatte sie gesagt.

„Ich dachte, dir, äh, und deiner Mutter könnten die Blumen gefallen."

„Wie aufmerksam von dir!"

Er strahlte.

„Möchtest du auf ein Glas Eistee hereinkommen?"

Donna war ihm so nah. Sollte er es wagen?

Und dann kam Mr Darcy auf die Veranda geschlendert. Zielgerichtet marschierte der Kater auf Richard zu und hinderte ihn daran, das Haus zu betreten. Richard wich ein Stück zurück und wäre beinahe hinterrücks von der Stufe gestürzt. Der Kater war schwarz, schwarz wie die Nacht, mit giftgrünen Augen, die wie Laser durch Richard hindurchsahen. Er wetzte seine Krallen demonstrativ an der Fußmatte und ließ ihn dabei keine Sekunde aus den Augen.

„Oh", sagte Donna. „Darf ich vorstellen: Das ist Mr Darcy!" Sie beschrieb mit dem Arm einen eleganten Kreis zu dem Kater hin, als würde sie ein Mitglied des Hochadels präsentieren.

Noch nie hatte Richard sie so lebhaft erlebt. *Wie kommt das nur?*, dachte er. *Es ist doch nur eine Katze!*

Mr Darcy wandte den Kopf leicht nach rechts, von Richard fort. Kein Zweifel – er wurde von einem Kater brüskiert.

Und so blieb es auch. Mr Darcy mochte Richard nicht. Und Richard gestand sich ein, dass er ähnlich empfand. Entweder, man mochte Katzen, oder man tat es nicht. Richard gehörte schon immer zur zweiten Kategorie.

Soweit Richard sagen konnte, war die Abneigung stets von den Katzen ausgegangen. Als Kind hatte ihn eine Katze heimtückisch gekratzt, als er sie streicheln wollte. Und dann war er eines Nachts davon aufgewacht, dass eine Katze aus der Nachbarschaft sein Gesicht ableckte. Das hatte ihm einen solchen Schrecken eingejagt, dass er diesen Felltieren seither mit Misstrauen begegnete.

An dem Abend, als er Mr Darcy kennenlernte, hatte Donna den Kater auf den Arm genommen und mit genießerisch geschlossenen Augen an sich gedrückt. Das Tier hatte ihn verschlagen aus dem Augenwinkel gemustert, und Richard hatte nur darauf gewartet, dass der Kater mit seinen scharfen Krallen nach ihm hieb. Aber das hatte er zum Glück unterlassen.

Dennoch, es war zu viel. Schnell hatte Richard sich verabschiedet und war wie ein geprügelter Hund davongeeilt. Es konnte ihm gar nicht schnell genug gehen. All seine Hoffnungen waren zerschlagen worden ... von einem Kater.

Donna behandelte den Kater wie einen Prinzen. In ihrem Haus hatte er ein eigenes Zimmer, aber er schlief selbstverständlich in ihrem Bett. In Donnas Küche gab es einen ganzen Schrank voller Spezialfutter für das Tier. Ihr Vorratsschrank enthielt mehr Katzenfutter als Nahrungsmittel. Und erst das Spielzeug ... daran durfte er gar nicht denken.

Alles an diesem Tier fand Richard schwierig, sogar seinen Namen. Der Name stammte aus einem alten Roman, den anscheinend alle Frauen mochten. Noch am selben Abend schaute er im Internet nach und las: *Mr Darcy ist der Inbegriff des arroganten romantischen Helden.* Des arroganten romantischen Helden. Diese Worte blieben bei ihm hängen. Dieser Kater könnte ein ernsthafter Konkurrent für ihn sein. Und mit Konkurrenz konnte Richard nicht besonders gut umgehen.

Richard hatte sich ein Exemplar von *Stolz und Vorurteil* aus der Bibliothek ausgeliehen, und beim Lesen ging ihm ein Licht auf: Mr Darcy war ein Idealbild. Kein realer Mann konnte es mit ihm aufnehmen. Richards Traum, Donna zu heiraten, erschien ihm mit einem Mal aussichtslos. Sie wünschte sich einen Mr Darcy, aber einem solchen Mann konnte er nicht das Wasser reichen.

Zum einen hatte er seine Gefühle nicht so gut unter Kontrolle. Manchmal, wenn er Mozarts Requiem spielte, liefen ihm die Tränen über die Wangen. Bei der großartigen Musik musste er daran denken, dass der Tod seines Sohnes Mozart zu diesen traurigen Melodien inspiriert hatte. Mr Darcy aus dem Roman würde natürlich niemals eine Träne vergießen. Er war kühl, ruhig, immer beherrscht.

Mr Darcy war stark. Er ließ sich seine Gefühle nie anmerken. Er war ... ja, wie ein Kater, gleichmütig und kühl. Richard war dagegen eher wie ein Labradorwelpe. Alles, was er dachte und fühlte, sprudelte sofort aus ihm heraus.

Der letzte Akkord der *Hornpipe* erklang. Richards Blick wanderte zum Vestibül. Immer noch nichts. Wo steckte nur die Braut?

Donnas Hand verharrte in der Luft und wartete auf das nächste Musikstück. Es war eine wunderschöne Hand, fand er ... aber es fehlte ein Ring an ihr; der Ring, der bereits seit fünf Jahren in der Schublade seiner Kommode lag. Ja, er war so sicher gewesen, die Richtige gefunden zu haben, dass er nur wenige Monate, nachdem er sie kennengelernt hatte, den Ring gekauft hatte. Aber das war, bevor Mr Darcy seine Pläne durchkreuzt hatte. Jetzt steckte der Ring in einer schwarzen Samtschachtel in seiner Jackentasche, nur wenige Zentimeter von ihr entfernt. Wieder einmal.

Heute könnte der Tag sein. Aber da war dieser neuerliche Zwischenfall mit dem schrecklichen Mr Darcy gewesen.

Es hatte ganz harmlos mit dem Herauswürgen eines Haarballs begonnen. Danach wurde Mr Darcy lethargisch und verweigerte sein Futter, und nachdem er mehrmals vergeblich versucht hatte, sich zu übergeben, fuhr Donna mit ihm zum Tierarzt. Die Diagnose: Darmverschluss. Die vorgeschlagene Behandlung: eine Operation. Die ungefähren Kosten: über tausend Dollar.

Donna erbat sich ein paar Minuten Bedenkzeit. Das war viel Geld, obwohl Donna einen guten Job in einer Privatschule am Ort hatte und es sich leisten konnte. Für Richard gab es da nichts zu überlegen: Mr Darcys Zeit war einfach abgelaufen. Früher oder später erwischte es jeden. Und jetzt war Mr Darcy an der Reihe, in den Katzenhimmel zu gehen, falls es so etwas überhaupt gab.

Wenn Richard nur ein wenig nachgedacht hätte, hätte er eine solche Äußerung nie gemacht. Aber in dieser Hinsicht war er sehr spontan. Alles, was er dachte, sprach er sofort aus. Als er jetzt daran zurückdachte, schämte er sich.

„Das ist wirklich sehr viel Geld", hatte Donna gesagt, als sie nebeneinander auf dem Sofa saßen.

Und er hatte geantwortet: „Es ist doch nur ein Kater."

Sie war zusammengezuckt, hatte aber nichts erwidert. Das brauchte sie auch nicht; der Ausdruck auf ihrem Gesicht sagte alles. Es war ein Albtraum gewesen. Donna hatte Richard verblüfft angestarrt, nein, eigentlich eher schockiert. Schockiert darüber, dass so etwas über seine Lippen gekommen war. Er hätte es wirklich besser wissen müssen. Was hatte er sich nur dabei gedacht? Sie hatte so viel durchgemacht.

„Es ist doch nur ein Kater." Warum hatte er das nur gesagt? „Nur ein Kater." Für einen Katzenliebhaber war das ein katastrophaler Ausspruch.

Natürlich hatte Donna die Operation machen lassen, und seitdem kümmerte sie sich noch intensiver um Mr Darcy. Beinahe, als wäre er ein Kind.

Diese kleine Bemerkung – sechs kurze Wörter – hatte vielleicht sein zukünftiges Lebensglück mit Donna zerstört. Schon immer war die Angst da gewesen, die bewusste Frage zu stellen, aber jetzt war sie schier unüberwindlich geworden. Niemals würde sie den Rest ihres Lebens mit einem Mann verbringen wollen, der ihren geliebten Kater so gering schätzte. Ganz bestimmt würde sie Nein sagen. Aber andererseits hatte sie sich bereit erklärt, heute für ihn umzublättern. Vielleicht gab es ja doch noch Hoffnung. *Hoffnung.*

Er hatte sich das Programmheft des Traugottesdienstes angesehen. 1. Korinther, Kapitel 13. *Die Liebe verliert nie die Hoffnung.* Er war nicht sicher, ob es für ihn tatsächlich noch viel Grund zur Hoffnung gab ... aber andererseits, die Hoffnung starb zuletzt. War Hoffnung nicht einer der Grundpfeiler des christlichen Glaubens? Glaube, Hoffnung, Liebe. Die Hoffnung stand in der Mitte.

Natürlich war damit die Hoffnung gemeint, die Jesus verkörperte, nicht die Hoffnung darauf, dass alles im Leben gutgehen würde. Christliche Hoffnung bedeutete, dass man sich seines Glaubens sicher war und auf Gottes Gnade hoffte, und das war bei Richard der Fall. Was auch immer mit Donna und ihm werden würde, er war sich der Vergebung und des ewigen Lebens sicher. Aber, oh, wie sehr hoffte er, Donna würde Ja zu ihm sagen.

Er hatte gesehen, mit welcher Hingabe Donna ihre Mutter gepflegt hatte. So etwas kannte er bereits. Sein Vater hatte damals die Pflege seiner Mutter übernommen und Dinge getan, die Richard dem eher barschen Mann, als den er ihn immer erlebt hatte, niemals zugetraut hatte. Seiner Mutter gegenüber hatte er sich stets so liebevoll verhalten. Das mitzuerleben hatte ihn nachdenklich gemacht. Zwischen Eheleuten bestand offensichtlich eine viel tiefere Bindung, als er geahnt hatte. Würde er selbst je eine solche Beziehung erleben?

Vor sechs Monaten hatte er bei der Beerdigung von Donnas Mutter Orgel gespielt. Er hatte sich sehr einsam gefühlt, denn er hatte allein an der Orgel gesessen, während Donna in der ersten Reihe war, umgeben von ihren Verwandten. Er hätte bei ihr sein sollen, aber das hatte sie nicht gewollt.

„Spiel bitte für Mama", hatte sie ihn gebeten. „Spiel ‚Im Garten' und ‚Wie groß bist du'. Und ‚Bleibend ist deine Treu'", hatte sie ihn gebeten. „Mama liebt …" Sie brach ab und korrigierte sich: „liebte dieses Lied besonders."

Und so hatte er die gewünschten Lieder gespielt, mit Tränen in den Augen, denn auch er hatte sehr an Mildred gehangen.

Seit der Beerdigung hatte er schon einige Anläufe unternommen. Die Ringschachtel drückte sich gegen seine Brust. Schon dreimal hatte er den Ring bei sich gehabt, und jedes Mal war etwas geschehen, das diese so wichtige Frage verhinderte.

Beim letzten Mal zum Beispiel. Donna hatte Abendessen für ihn gekocht, und dieses hatte seine kühnsten Erwartungen übertroffen. Hackbraten! Stampfkartoffeln! Alles nur für ihn. In ihrer Küche hatte er sich wie zu Hause gefühlt. Würde so ihre Zukunft aussehen? Sie beide gemeinsam am Küchentisch. Nach dem Abendessen würden sie sich Quizshows ansehen und die Fragen noch vor den Kandidaten beantworten. Der Ring hatte schwer an seiner Brust gelegen.

Donna servierte den Nachtisch. Er war köstlich. Und dann schien der große Moment gekommen zu sein. Er griff in seine Tasche, während sie die Dessertteller zum Spülbecken brachte. Sollte er vor ihr niederknien? Das tat man doch bei einem Heiratsantrag. Er schob seinen Stuhl zurück und kniete nieder.

„*Miaaaauuuu!*"

Das Stuhlbein hatte Mr Darcys Schwanz eingeklemmt.

Donna kam angerannt, der große Augenblick war vorbei. „Oh! Mein armes Kätzchen!" Sie blickte Richard an, der sich jetzt auf dem Boden niederließ. „Was machst du denn nur?"

Sie untersuchte Mr Darcy, sprach tröstend auf ihn ein und trug ihn besorgt ins Wohnzimmer.

Die Hoffnung war zerschlagen. Richard entschuldigte sich mehrmals, räumte den Tisch ab und fand schließlich einen Vorwand, sich zu verabschieden. Mr Darcy schien ihm höhnisch zuzuzwinkern, als er die Tür hinter sich ins Schloss zog.

Die Vorstellung, dass die Gelegenheit vielleicht nie wieder kommen würde, machte ihn nervös. Er hatte fünf Jahre auf sie gewartet. Fünf Jahre! Das war wirklich eine lange Zeit ... zu lange.

Geschickt spielte Richard eine Überleitung zu Johann Pachelbels Kanon in D-Dur. Er liebte den Kanon und fühlte sich mit Pachelbel verbunden. Im Alter von 16 Jahren hatte der Komponist seine erste Anstellung als Organist bekommen, genau wie Richard.

Donna rückte näher an Richard heran. Ihre Schultern berührten sich. Sie griff hinüber, um die Seite umzublättern, und dabei begegneten sich ihre Blicke. Sie verstanden sich auch ohne Worte.

Ich darf die Hoffnung nicht aufgeben, dachte Richard. Die Hoffnung auf eine Beziehung. Die Hoffnung auf einen positiven Ausgang. Die Hoffnung auf die Zukunft, und darauf, dass Donna seinen Heiratsantrag annehmen würde. Und die Hoffnung darauf, dass alles gut werden würde, selbst wenn sie ihn ablehnte. Gott stand zu seinen Zusagen. Er würde ihn auf einem guten Weg führen.

Er erinnerte sich an ihr Gespräch vom Abend zuvor. Er hatte Donna nach der Chorstunde nach Hause begleitet. Als sie auf der Veranda standen, hatte Mr Darcy sie vom Fenster aus beobachtet. Richard wollte Donna küssen, aber der verflixte Kater ließ sie nicht aus den Augen.

„Warum tust du das?", hatte Donna ihn gefragt.

„Was?"

„Warum schaust du ständig zu Mr Darcy hinüber?"

Er musste es ihr sagen. Er musste ihr erklären, wie verrückt diese ganze Sache mit dem Kater war.

„Er ruiniert alles", erwiderte er schließlich.

„*Er* ruiniert alles?" Die Art, wie Donna das sagte, veranlasste Richard, sie anzusehen. Sie hatte die Stimme erhoben. Seine Hoffnung hing jetzt nur noch an einem seidenen Faden. Aber er musste es aussprechen. „Dieser Kater …"

„Was ist denn das für ein Unsinn?", fragte Donna mit blitzenden Augen. „Mr Darcy tut doch überhaupt nichts."

Er wurde unsicher, aber er sprach trotzdem weiter. „Nun, ich … ich möchte dir nahe sein, aber dieser Kater kommt immer wieder dazwischen."

Donna blickte ihn an. Und dann überraschte sie ihn, indem sie seufzte. „Ist dir je der Gedanke gekommen, dass es vielleicht nicht der Kater ist, der dazwischen kommt?" Entschlossen öffnete sie die Haustür und trat ins Haus. „Vielleicht bist *du* es." Mit diesen Worten schloss sie die Tür hinter sich.

Das Einschnappen des Schlosses klang so endgültig. Er starrte auf die geschlossene Tür und das verlassene Fenster. Mr Darcy war verschwunden; vermutlich war er zu Donna geeilt, um sich liebkosen zu lassen.

Hinter der geschlossenen Tür glaubte er ein Schniefen zu hören. Aber er konnte sich nicht überwinden zu klopfen. Er trat nur ganz an die Tür heran und drückte seine Stirn gegen das Holz.

Wieder einmal hatte er es vermasselt. Der Kater hatte wieder gewonnen … oder vielleicht doch nicht? Donna hatte gesagt, es sei alles seine Schuld.

Langsam und ohne jede Hoffnung war er nach Hause gegangen. In tiefer Verzweiflung hatte er die Nacht verbracht. Vielleicht war es wirklich seine Schuld, dass er jetzt keine Hoffnung mehr hatte.

Doch dann war der Morgen angebrochen, und während er sich für die Hochzeit ankleidete, hatte er eine Entscheidung getroffen. Auf dem Weg zur Kirche legte er schnell noch einen Zwischenstopp ein. Nach der Trauung würde er es tun. Und dieses Mal würde er sich nicht aufhalten lassen, von nichts und niemandem.

In der Kirche angekommen wartete Donna bereits an der Orgel auf ihn. Er nickte ihr zu, nahm Platz, und ohne ein Wort zu sagen begann er zu spielen. Sein Herz raste. Ganz plötzlich war die Angst da. Aber Mr Darcy hockte eingeschlossen in seinem Transportkäfig im Büro des Pastors, und jetzt war der Zeitpunkt da.

Die Entscheidung war gefallen. Ja, er würde sie heute fragen. Sobald die Trauung vorbei war, würde er es tun. Er würde vor ihr niederknien. Wieder einmal.

Dies war seine letzte Chance. Wenn sie Nein sagte, dann gäbe es keine Hoffnung mehr auf eine Ehe. Zumindest nicht für ihn. Diese zärtliche Fürsorge, die er bei seinen Eltern erlebt hatte, wäre dann nicht seine Zukunft. Liebe, die überdauert. Vielleicht war sie bereits da.

Donna streckte die Hand aus, um die Seite umzublättern.

Oh ja, er liebte sie. Wenn sie krank würde, falls sie Krebs oder etwas Schlimmeres bekäme, würde er für sie da sein, wie sein Vater für seine Mutter da gewesen war. Und falls ihm irgendetwas zustoßen würde, wen anders als Donna würde er anrufen und darauf vertrauen, dass sie helfen würde? Er lebte in dieser Hoffnung.

Verschiedene Gedanken durchzuckten ihn: Stand ihm wirklich der Kater im Weg, oder war es nicht viel eher seine eigene Unsicherheit und Ungeschicklichkeit? *Die Liebe verliert nie die Hoffnung.*

Warum bis nach dem Traugottesdienst warten? Warum nur noch einen Augenblick länger warten? Warum es nicht jetzt tun?

Der Ring lag schwer in seiner Jackentasche. Mr Darcy war weggeschlossen. Nichts stand seiner Hoffnung im Weg.
Der Zeitpunkt war gekommen.

Richard spielte die Melodie mit der linken Hand weiter, während er mit der rechten in seine Jackentasche griff. Langsam und vorsichtig, als hätte er es mit einer zarten Blume zu tun, holte er die Ringschachtel heraus und klappte sie mit einer Hand auf.
Die Schachtel mit dem funkelnden Ring stellte er auf die Notenablage. Mit angehaltenem Atem beobachtete er, wie Donnas Blick darauf fiel. Ihre Hand, die sie erhoben hatte, um die Seite umzublättern, verharrte mitten in der Luft, als hinge sie an einer zarten Marionettenschnur.
Würde sie ihn annehmen? Würde sie seine Frau werden?
Er würde alles für sie tun. Nicht einmal der gefürchtete Mr Darcy konnte ihn dazu bringen, die Hoffnung aufzugeben.
Langsam näherte sich ihre Hand dem Ring. Sie zögerte nur einen kurzen Moment, dann nahm sie ihn aus der Schachtel.
Entschlossen steckte sie den Ring an ihren Finger, und dann versanken sie beide in den Klängen des Liedes. Richard baute ein Crescendo auf, und die Musik erfüllte die Kirche mit ihrem Brausen, so laut, dass das Dach einzustürzen drohte.
„*Wie groß bist du! Wie groß bist du.*"
Ihre Blicke trafen sich, und die Hand, die die Seiten umblätterte, blieb einen kurzen Augenblick auf seinem Oberarm liegen.
Welche Freude!
Seine Zukunft blitzte vor ihm auf: Gemeinsame Abendessen mit Hackbraten in Donnas Küche. Kuschelige Abende vor dem Fernseher. Hortensien pflücken im Garten. Zusammen Eis essen gehen. Und seinetwegen auch gemeinsam den Kater streicheln.
Das reine Glück!

Es war mehr, als er sich erhofft hatte. *Nein*, korrigierte er sich, als er seine Hand auf ihre legte. Er hatte erlebt, dass seine Hoffnung sich erfüllt hatte.

Kapitel 13

Die Liebe hält durch bis zum Ende

War er bereit für eine neue Liebe?

Pastor Jeremy Higgins ließ den Blick über die Hochzeitsgäste wandern. Orgelmusik erfüllte die Kirche, während er an Douglas' Seite wartete. Die Trauzeugen hatten sich neben ihnen aufgestellt, die Angehörigen saßen in ihren Bänken.

Er sollte sich eigentlich auf die Trauung konzentrieren und überlegen, warum die Braut bisher noch nicht erschienen war. Aber seine Gedanken waren bei den drei Briefen auf seinem Schreibtisch und den drei Frauen, die unter den Hochzeitsgästen saßen, ihn anschauten und sich dieselbe Frage stellten wie er: War er bereit für eine neue Liebe?

Er spürte, wie er errötete. Hoffentlich merkte niemand, in welche Richtung sich seine Gedanken verirrten!

Er war zu alt für so etwas. Seit vier Jahren war er nun schon Witwer. Aber eigentlich fühlte er sich noch nicht alt. Nervös trat er auf der Stelle und wandte den Blick von den Hochzeitsgästen ab. Auf keinen Fall wollte er dem Blick einer der Frauen begegnen.

Der Bräutigam wurde ebenfalls unruhig und blickte ihn fragend an. Wo steckte die Braut? Was war mit Julia?

Ab und zu passierte so etwas. Bei einer Hochzeit musste man immer mit dem Unerwarteten rechnen. Einmal war der Vater des Bräutigams vor dem Altar zusammengebrochen, gerade nachdem er dem Bräutigam den Ring gereicht hatte. „Ist ein Arzt anwesend?", hatte Jeremy ruhig gefragt. Fast immer waren es nur die Nerven, wenn etwas schiefging, oder bei den Trauzeugen eine Feier bis spät in die Nacht, die ihren Tribut forderte.

Er wartete. Noch gab es keinen Grund zu ernsthafter Besorgnis. Diese Verspätung konnte die unterschiedlichsten Ursachen haben. Vielleicht saß Julias Frisur nicht richtig oder das Kleid hatte einen Fleck abbekommen.

Einmal hatte die Braut noch ihr Make-up erneuern wollen. Dabei war ihr die Wimperntusche aus der Hand gefallen und hatte einen schwarzen Streifen über ihr schneeweißes Kleid gezogen. Die Hochzeitsplanerin war in Panik in Jeremys Büro gestürmt und hatte die weiße Korrekturflüssigkeit geholt. Er selbst hatte erst nach der Trauung von dem Missgeschick erfahren. Ein anderes Mal war der Brautstrauß irgendwie verloren gegangen, und die Braut hatte sich strikt geweigert, ohne Brautstrauß vor den Altar zu treten.

In seinen 25 Jahren als Pastor hatte Jeremy viele Hochzeiten erlebt, viele Bräutigame. Er musterte den nervösen jungen Mann an seiner Seite, der schon wieder auf die Uhr blickte und sich sichtlich wand. Er warf dem armen Jungen einen beruhigenden Blick zu.

Aber er hatte schon recht, wo blieb nur die Braut? Wenn ihr Einmarsch sich so lange verzögerte, konnte es nicht nur ein unbedeutender Zwischenfall sein.

In der Rückschau musste er einräumen, dass die Braut während der Vorgespräche ungewöhnlich viele Fragen gestellt hatte. Sie wollte Gewissheit in so vielen Dingen, die man nicht vorher wissen konnte. Vielleicht hätte er bei einer späteren Sitzung noch einmal auf ihre Fragen eingehen sollen.

Seine Frau Jennifer war damals nicht eine Minute zu spät zu ihrer Hochzeit erschienen. Sie hatten sich sehr geliebt und waren mehr als bereit gewesen für die Trauung. Nichts hätte Jennifer davon abhalten können, vor den Altar zu treten. Kein Unglück mit der Wimperntusche, kein verlorener Brautstrauß. Jennifer wäre auf jeden Fall durch den Mittelgang geschritten, ungeachtet der Umstände.

Dabei hatten sie gar nicht in einer Kirche geheiratet, sondern im Wohnzimmer ihrer Eltern. Jennifer hatte das Brautkleid ihrer Mutter getragen und Blumen aus dem Garten ihres Nachbarn als Brautstrauß gehabt. Ihre Hochzeit war sehr einfach gewesen, und doch erinnerte er sich an jede Einzelheit. Ihr Pastor hatte ihnen das Eheversprechen abgenommen, und als er jetzt daran dachte, wurden seine Augen feucht. In guten wie in schlechten Zeiten, so hatte er es Jennifer versprochen. 30 wundervolle Jahre hatten sie miteinander verlebt. Die Krankheit war dann viel zu schnell gekommen, viel zu früh.

Der Programmablauf lag bereit, die Bibel aufgeschlagen auf dem Altar. Die Verse aus dem ersten Korintherbrief standen gut leserlich auf dem Programmheft. *Liebe.*

Die Liebe ist geduldig. Die Liebe ist freundlich.

Jennifer und er hatten die unterschiedlichsten Arten der Liebe erlebt. Die Person, die ihm, abgesehen von seinem himmlischen Vater, das meiste über die Liebe beigebracht hatte, war Jennifer. Die Frau, die ihn mehr geliebt hatte, als er es für möglich gehalten hatte. Sie hatte ihn bei jedem Schritt unterstützt.

Er erinnerte sich an den Tag, an dem er ihr von seinem Ruf in den Dienst für Gott erzählte. Es ging ihnen materiell gesehen gut. Sie bewohnten ein schönes Haus in einer netten Gegend, er hatte einen guten Job mit einer hervorragenden Altersabsicherung. Zwei gesunde Kinder. Trotzdem hatte er das Gefühl gehabt, dass irgendetwas fehlte. Immer wieder hatte er sich gefragt: *Ist das wirklich alles?*

Und dann hatte er begriffen, dass es mehr gab, viel mehr. Mehr als ein Haus und eine gute Arbeitsstelle, mehr als diese Welt. Da war Gott und die ganze wundervolle Welt des Glaubens, die ihn rief.

Sie hatte seine Hand genommen, als er ihr erklärte, er wolle seine Arbeitsstelle kündigen. „Jeremy, du bist unglaublich", hatte sie gesagt. „Ich hätte nicht gedacht, dass ich dich noch mehr lieben könnte, als ich es bereits tue, aber das lässt meine Liebe zu dir noch größer werden."

Sie hatten das Haus verkauft und waren in eine kleine Wohnung gezogen, damit er am Seminar studieren konnte. Jennifer hatte eine Stelle in der Schule angenommen, die ihre Kinder besuchten, um zu ihrem Lebensunterhalt beizutragen. Nicht ein einziges Mal hatte sie sich beklagt.

Liebe hält durch bis zum Ende.

Sie hatte so viel für ihn aufgegeben. Und wie stolz war sie bei seiner Ordination gewesen. Im Publikum hatte er nur ihr Gesicht gesehen.

Es waren schwierige, aber sehr gute Jahre gewesen. Der Tag hatte immer zu wenige Stunden, und es war nie genug Geld da, aber sie hatten das Beste aus dem gemacht, was ihnen zur Verfügung stand, und Gott hatte sie mit allem versorgt, was sie brauchten.

Er hatte von einem Urlaub geträumt, einem richtigen Urlaub am Meer, wo die Kinder im Sand spielen und sich in die Wellen stürzen könnten, während Jennifer und er in den Liegestühlen faulenzten. Jedes Jahr hatten sie auf den Sommerurlaub gespart, doch in jedem Jahr war ihnen etwas dazwischen gekommen. Einmal mussten sie neue Reifen für das Auto kaufen. Ein anderes Mal brach sich Bobby den Arm, und sie brauchten ihre Rücklagen für die Arztrechnungen. Immer hatten sie gehofft, irgendwann einmal genug Geld zu haben, um einen Urlaub bezahlen zu können, aber das war ihnen nicht vergönnt gewesen.

Die Kinder wurden groß, und die Kosten fürs College kamen auf sie zu. Aber sie hatten durchgehalten und waren glücklich gewesen.

In guten wie in schlechten Tagen, das hatten sie einander versprochen. Und dann waren sie gekommen, die schlechten Tage.

Es hatte ganz harmlos begonnen, ein Husten, der nicht ausheilen wollte. Dann begannen die Besuche beim Arzt. Die Diagnose traf sie hart: Lungenkrebs, letztes Stadium.

Er war so zornig gewesen. Wie konnte Jennifer Lungenkrebs bekommen? Sie hatte nie geraucht, immer auf gesunde Ernährung geachtet. Warum nicht er? Gern hätte er den Platz mit ihr getauscht.

Liebe hält durch bis zum Ende. Diese Worte hatten sich erfüllt; er hatte Jennifer bis zum Ende beigestanden. Er konnte ohne Reue zurückblicken.

Ihre Welt hatte sich verändert, ihre Tage waren bestimmt gewesen von Arztbesuchen und Krankenhausaufenthalten. Die Gemeinde stand an ihrer Seite, unterstützte sie und versorgte sie mit Essen. Die Krankheit schritt schnell voran, und innerhalb von zwei Monaten war Jennifer bettlägerig gewesen. Schließlich kam die Zeit im Hospiz. Und eines Morgens wachte er neben ihr auf, und sie war für immer eingeschlafen.

Jetzt war sie schon seit vier Jahren tot. Unglaublich, dass schon so viel Zeit vergangen war.

Der Organist hielt kurz inne und setzte erneut an. Ein Lied würde Jeremy noch abwarten, dann würde er losgehen und nachsehen, was los war.

Für ihn war jetzt die große Frage: Könnte er noch einmal lieben?

Auf dem Schreibtisch in seinem Arbeitszimmer lagen drei Briefe von drei Frauen. Alle drei Briefe hatten eine Gemeinsamkeit: Es waren Einladungen.

Nach Jennifers Tod war er erstaunt gewesen, wie viele Frauen sich darum bemüht hatten, ihren Platz einzunehmen. Er bekam mehr Mahlzeiten gebracht, als er essen konnte. Selbst gebackene Plätzchen lagen neben der Kaffeemaschine in der Kirche, und er bekam immer wieder neue Einladungen, so viele, dass er sie gar nicht alle annehmen konnte. Aber er war noch nicht bereit gewesen für eine neue Beziehung. Die Trauer hatte ihn fest im Griff.

Nach dem ersten Jahr wurden die Aufläufe weniger, die Einladungen seltener. Zu Hause war er allein. Im Grunde gefiel ihm das, aber es gab eine Art der Einsamkeit, die niemand lindern konnte.

Die Kinder kamen zu Besuch. „Papa, du musst häufiger ausgehen", sagten sie. Aber er hatte keine Lust gehabt zum Ausgehen. Er wollte das Leben, das er sich gemeinsam mit Jennifer aufgebaut hatte, nicht verlassen. Es gab ihm einen gewissen Trost.

Doch in diesem Frühjahr hatte er eine Veränderung in sich bemerkt. Die Liebe Gottes war für ihn immer spürbar da gewesen. Daran hatte sich nichts geändert. Aber ihm fehlte die Gesellschaft eines anderen menschlichen Wesens. Einer Frau. Er vermisste die Nähe und Vertrautheit einer engen Beziehung. Ganz bestimmt hatte er seine Frau nie als Selbstverständlichkeit hingenommen, zumindest glaubte er das nicht. Aber er hatte auch nicht wirklich geahnt, welches riesengroße Loch nach ihrem Tod in seinem Leben klaffen würde.

Es war, als würde er die Frauen in seiner Umgebung auf einmal mit ganz neuen Augen sehen. Einmal hatte er einen Bericht über den die Netzhaut aktivierenden Teil des Gehirns gelesen: Sobald man an etwas Bestimmtes dachte, entdeckte man es überall um sich herum. Hatte man zum Beispiel ein rotes Auto gekauft, fielen einem plötzlich alle roten Autos auf den Straßen auf.

Das hatte er auch in seinem Glauben erlebt. Nachdem seine Augen für Gott geöffnet worden waren, hatte er seine Hand überall entdecken können. Und nun, wo das Gefühl in ihm erwacht war, wieder bereit zu sein für eine Beziehung, rückten von überall Frauen in sein Blickfeld! Jetzt hatte er drei Einladungen bekommen. Frauen, die möglicherweise die Lücke ausfüllen könnten, die Jen hinterlassen hatte. Jetzt war sein Blick für Frauen geschärft.

Oh Herr, hilf mir, betete er still für sich.

Und wieder errötete er. Er musste sich unbedingt auf seine Aufgaben konzentrieren. Was war hier los, und wo steckte die Braut? Die ganze Hochzeitsgesellschaft wartete. Das Lied ging zu Ende, und ein weiteres begann. Seine Gedanken wanderten zur vergangenen Woche zurück.

Holly, seine Assistentin, war zu ihm gekommen und hatte die drei Briefe vor ihm ausgebreitet, mit einem solchen Pathos, dass man denken könnte, er sei der König von England.

„Schau dir das an, Jeremy!", hatte sie gesagt, und ihre braunen Locken wippten. „Nummer eins." Sie hatte den ersten Brief vor ihn hingelegt. „Nummer zwei." Den zweiten legte sie daneben. „Und Nummer drei!" Der dritte Brief landete mit einer schwungvollen Bewegung neben dem zweiten.

Er spürte, wie er unter ihrem fröhlichen Blick errötete.

„Du kannst nicht für immer allein bleiben", hatte sie gesagt.

Das war mutig gewesen. Am liebsten hätte er ihr gesagt, sie solle gehen, aber das ging natürlich nicht. Sie war zu gut.

Er war von seinem Stuhl aufgesprungen und zur Tür hinausgestürmt. „Ich mache einen Spaziergang", hatte er ihr zugerufen. Keinen Augenblick länger hätte er es in seinem Büro ausgehalten. Es war zu klein gewesen für ihn und die drei Briefe.

„Du kannst davonlaufen, aber verstecken kannst du dich nicht", hatte sie ihm hinterher gerufen.

Doch, er würde sie feuern.

Im Rosengarten suchte er sich ein ruhiges Plätzchen und betete. „Oh Herr", begann er. Aber das schien ihm nicht richtig zu sein. Wie konnte er Gott bitten, ihm bei so etwas zu helfen? Drei verschiedene Frauen. Drei Gelegenheiten, wieder zu lieben. Aber was sagte sein Herz? War der Zeitpunkt wirklich gekommen? Und was war mit Jennifer und dem Gefühl, ihr untreu zu sein?

Es gab zu viele Fragen.

Er genoss die Stille des Gartens. Sie enttäuschte ihn nie. Hier war er Gott bisher immer begegnet. Doch jetzt?

Nichts.

Keine Antwort.

Er kehrte in sein Büro zurück und ließ sich an seinem Schreibtisch nieder. Die drei Briefe lagen noch da.

„Und?" Holly wartete immer noch auf ihn. Sie nahm Platz und zog ihre Schuhe aus. Zwei Tassen mit dampfendem Kaffee standen bereit. Holly und er fühlten sich wohl miteinander, und wenn sie ihn neckte, machte ihm das nichts aus.

„Hier, der erste." Holly legte ihre Hand auf die goldgeprägte Einladung von Harriet. Sie hatte ihren Spaß an seinem Unbehagen. „Harriet Osenberger."

Harriet war sehr wohlhabend. In ihrem weitläufigen Haus hatte er vor einigen Jahren Harriets Tochter getraut. Und nach dem Tod von Harriets Mann Ralph hatte er sie besucht, um ihr Trost zuzusprechen. Er hatte auf ihrem Samtsofa gesessen, Kaffee getrunken und Kuchen gegessen.

Harriet lockte ihn mit einem Leben ohne finanzielle Sorgen. In ihrem Seidenkostüm und mit Juwelen behängt war sie in seinem Büro erschienen, um die Einladung persönlich abzugeben.

„Weißt du", hatte sie gesagt und seine Hand berührt. „Ich glaube, wir würden gut zueinander passen." Die Diamanten und die Rolex funkelten. „Du könntest in den Ruhestand gehen, und wir könnten die ganze Welt bereisen. Du kannst dein Buch schreiben und gelegentlich die Vertretung für andere Pastoren übernehmen."

Sein Blick wanderte über seinen alten Schreibtisch mit den Papieren. Wollte er das alles wirklich aufgeben? Könnte er sich so einfach von den letzten 25 Jahren abwenden? Von seiner Gemeinde, den Kranken, an deren Bett er häufig saß, den dringenden Anrufen in der Nacht? Er liebte das Leben mit seiner Gemeinde. Aber er hatte tatsächlich vor, ein Buch zu schreiben.

Holly seufzte. „Sie hat viel zu bieten."

Holly war seit 25 Jahren seine Sekretärin. Es gab niemanden, dem er mehr vertraute. Sie war in allem für ihn da gewesen.

Er hatte Harriet nie etwas vorgemacht. Das konnte er gar nicht, aber seine liebevolle Art weckte bei manchen Frauen den Wunsch nach mehr. Er rieb sich die Augen und nahm seine Brille ab.

Holly legte die Hand auf die zweite Einladung. „Und die hier."

„Lilly Thompson." Sie schien auf weitere Informationen zu warten, doch er gab nichts preis.

Die zweite Karte war nicht so aufwändig gestaltet, mit weniger Gold, so einfach wie die Frau, die sie geschrieben hatte. Lilly. Nur ein Wort stand mitten auf der Karte: *Abendessen?*

Irgendwie hatte er aber den Eindruck, als ginge es nicht nur um die Einladung zu einem Abendessen. Die Art, wie sie die Karte nach dem Gottesdienst in seine Tasche gesteckt hatte, ließ mehr vermuten. Ihre Hand war ein paar Sekunden auf seiner Jackentasche liegen geblieben. Er vermisste diese Art der Nähe zu einer Frau, und da lag nun die Einladung. Ohne Schnörkel, nur dieses eine Wort.

Im Laufe der Jahre hatte Lilly ihm einiges anvertraut. Er mochte Menschen, die offen sagten, was sie meinten, und keine Spielchen spielten. Seine Frau Jennifer war auch so gewesen. Aus ihr brauchte er nicht mühsam herauszukitzeln, was sie dachte oder ob er etwas falsch gemacht hatte. Sie sagte ihm geradeheraus, was los war. Lilly war auch so. Das machte das Leben einfacher.

„Ohne Verpflichtungen", hatte sie noch angemerkt, als sie sich abwandte.

Gemeinsam mit ihm betrachtete Holly die Karte, dann tippte sie auf die dritte.

„Carla Wingate."

Auf der kleinen Karte klebte ein Foto. Zwei lächelnde Paare waren darauf zu sehen – Jennifer und er und Carla mit Ken. Es war Herbst, und die Blätter hatten sich leuchtend orange und gelb gefärbt. Dieses Foto bot einen gewissen Trost. Es war verlockend, mit jemandem zusammen zu sein, der so viel Vertrautheit bot, der Jennifer gekannt und gemocht hatte. Jeremys Blick blieb an Kens Gesicht hängen. Er vermisste seinen alten Freund. Als das Foto aufgenommen worden war, war das Leben noch so unkompliziert gewesen. Sie hatten keine Ahnung gehabt, was die Zukunft ihnen bringen würde. Und jetzt waren er und Carla beide verwitwet. Sie hatten viele Gemeinsamkeiten, und sie war wirklich ein reizender Mensch.

„Vielleicht ist jetzt der Zeitpunkt gekommen", bemerkte Holly leise. Sie nahm einen vierten Brief aus ihrer Tasche. „Da ist noch ein Brief für dich", sagte sie. Ihr Lächeln und ihre Fröhlichkeit waren verschwunden, und ihre Augen blickten ernst. „Mir wurde aufgetragen, ihn dir zu geben, wenn der richtige Zeitpunkt gekommen ist."

Da waren sie. Drei Möglichkeiten. Leichtigkeit, Wärme und Trost. Diese drei Frauen boten ihm die Nähe, nach der er sich sehnte. Aber was war mit der Liebe?

Und jetzt noch ein vierter Brief?

Er streckte die Hand aus und nahm den weißen Umschlag entgegen. Das ganze Zimmer verschwamm vor seinem Blick, und einen Augenblick lang bekam er keine Luft. Fassungslos starrte er auf seinen Namen auf dem Umschlag. Mit dem Finger strich er über die Buchstaben: *Jeremy Higgins*. Dieser besondere Schwung beim H. Das war Jennifers Schrift. Sein Herz zog sich vor Schmerz zusammen. *Jennifer*. Woher kam dieser Brief?

Geliebter Jeremy,

mein Herz, ich liebe dich seit dem Augenblick, in dem wir uns auf den Stufen vor der Junior Highschool getroffen haben. Was für ein herrliches Leben hatten wir miteinander! Unsere gemeinsame Jugendzeit. Deine Berufung. Junie und Jeff. Gott hat unsere Ehe gesegnet, und jetzt bin ich bei ihm. Unsere Liebe hat die guten und die schlechten Zeiten überdauert, und in allem war ich immer froh, mit dir zusammen zu sein. Ich kann dir nicht sagen, wie viel es mir bedeutet hat, dass du in den vergangenen Jahren an meiner Seite warst. Du hast mich durch die Chemo und die Bestrahlung begleitet. Du warst immer da. Und ich weiß, dass du bei mir bleiben wirst bis zum Ende. Gut gemacht.

Und jetzt wünsche ich mir sehr, dass du eine Frau findest, die an deiner Seite ist in der Zeit, die du noch auf dieser Erde leben wirst. Ich gebe dich frei, Jeremy. Du bist geschaffen für die Liebe, und bis wir uns im Himmel wiedersehen, hast du noch viel Liebe zu geben und zu empfangen. Die Zeit der Trauer sollte vorbei sein, und ich gebe dich frei, damit du einen Menschen findest, mit dem du den Rest deines Lebens auf dieser Erde verbringen kannst.

Ich liebe dich,
Deine Jennifer

Tränen waren über seine Wangen gelaufen. Er hatte sein Gesicht in den Händen vergraben und geschluchzt. Oh, wie sehr er ihre starke Persönlichkeit vermisste. Ihre Fähigkeit, die Wahrheit in Liebe auszusprechen. Immer in Liebe. Sie hatte ihn aufrichtig geliebt, und jetzt gab sie ihn frei. Wie selbstlos von ihr.
Er hatte sein Taschentuch aus der Hosentasche genommen und seine Tränen getrocknet. Jetzt fühlte er sich besser, mit neuer Energie erfüllt. Es war vorbei.
Sein Blick war zu dem Kreuz an der Wand gewandert, und er hatte gelächelt. „Dein Timing", hatte er gesagt, „ist wie immer perfekt."
Noch einmal hatte er die drei Einladungen angeschaut. Vielleicht war eine der drei Frauen die Richtige. Vielleicht auch nicht. Auf jeden Fall war er bereit für den nächsten Schritt.
Als er jetzt vor den Hochzeitsgästen stand, stellte er sich erneut diese Frage: *Bin ich bereit für eine neue Liebe?*
Er warf einen Blick auf seine Uhr und das Programmheft in seiner Hand. *Liebe hält durch bis zum Ende*, las er, und er wusste, dass Gott immer bei ihnen gewesen war und sie geliebt hatte, so wie Jennifer ihn geliebt und er Jennifer geliebt hatte.
War er bereit für eine neue Liebe?

Er kannte die Antwort jetzt.

Ja.

Mit Jennifers Segen war der Zeitpunkt gekommen. Aber für wen sollte er sich entscheiden?

Kapitel 14

Die Liebe wird nie vergehen

Julia ließ sich auf eine der Kisten in dem kleinen Verschlag sinken. Es war so düster hier in dem winzigen Raum. Sie hatte die Dunkelheit immer gehasst und als kleines Kind nachts geweint, bis die Haushälterin das Flurlicht für sie einschaltete. Ihre Zweifel waren wie die Dunkelheit. Wenn sie nur die Zeit zurückdrehen könnte und wieder in der Kirche wäre, voller Zuversicht und bereit für ein Leben mit Douglas. Was für ein Chaos hatte sie angerichtet! Wieder stiegen ihr Tränen in die Augen.

Was jetzt wohl in der Kirche geschah?

Sie dachte an den Programmablauf: Die Großeltern wurden an ihre Plätze geführt. Die Eltern wurden an ihre Plätze geführt. „Trumpet Voluntary", der Einzug der Blumenmädchen und der Brautjungfern. Ihr Vater, der wartete.

Sie hatte sich hierher geflüchtet, um nachzudenken, sich zu sammeln. Und jetzt war sie gefangen. Es war alles zu viel.

Als sie an die Verse auf dem Programmheft dachte – *Die Liebe ist geduldig* – wurde ihr klar, dass ihr die Geduld fehlte. *Die Liebe ist freundlich*, aber Julia war nicht freundlich. Sie wünschte, sie würde den Glauben und das Vertrauen haben, die sie bei den Menschen in ihrem Umfeld beobachtete. Die sie bei Douglas sah.

Mittlerweile würde er sich besorgt fragen, wo sie wohl steckte. Er würde vermutlich denken, sie hätte ihn verlassen. Einfach am

Altar stehenlassen. Was für ein Klischee! Und er würde ebenfalls gehen. Der Mann, den sie von Herzen liebte, wäre fort.

Douglas spürte, wie sich sein Gesicht immer mehr rötete.
Sie kommt bestimmt jeden Moment, beruhigte er sich.
Nein, es dauert zu lange. Sie kommt nicht.
Es musste etwas passiert sein, mit dem niemand gerechnet hatte. So etwas passte überhaupt nicht zu Julia. Sie hätte mit ihm gesprochen. Nie würde sie ihn einfach so stehen lassen. Oder doch?

Pastor Higgins an seiner Seite räusperte sich. Die Hochzeitsgäste wurden immer unruhiger. Er meinte, einen mitfühlenden Blick von einer Frau bemerkt zu haben.

Douglas betete. *Herr, hilf mir, geduldig zu sein.*
Die Antwort gaben ihm die im Programmheft abgedruckten Verse aus dem ersten Korintherbrief. *Die Liebe ist geduldig.* Gott hatte nie aufgegeben, und Douglas würde das auch nicht tun.

Aber wie lange würde er noch warten müssen?

Neue Energie durchströmte Julia. Sie würde einen Weg finden, hier rauszukommen. Erneut tastete sie mit den Händen über den Türrahmen. Bestimmt gab es einen Riegel oder einen Haken, vielleicht oben irgendwo versteckt. Nichts.

Vielleicht könnte sie die Bolzen aus den Angeln drücken. Ihre Finger bohrten sich in die Scharniere, doch nichts rührte sich.

Sie dachte an Douglas. An den Tag, an dem er ihr im Statistikseminar den Zettel zugesteckt hatte. Sie hatte sich darüber gewundert, dass jemand wie er Notiz von ihr nahm. Er wirkte so ruhig und gelassen. Er war ihr schon früher auf dem Campus aufgefallen, wenn er mit seinen Freunden zusammen zu Mittag gegessen oder einem anderen Studenten geholfen hatte. Sie hatte ihn in der Bibliothek beobachtet. Es gefiel ihr, wie er redete, lachte, gestikulierte und sich mit den Fingern durch die Haare fuhr. Aber sie hätte nie gedacht, dass sie, die schüchterne Julia, ihm auffallen könnte.

Und dann hatte er ihr den Zettel zugesteckt. Sie hatten sich verabredet und waren seither zusammen. Doch immer nagte dieser Zweifel an ihr. Wann würde er es merken und sie als das sehen, was sie war? Würde er sie dann verlassen? Ihre Zweifel richteten sich immer gegen sie selbst, niemals gegen ihn. Er war ein richtig guter Kerl, aber sie war eben nicht vollkommen.

Die Liebe hört nie auf. In der Dunkelheit des kleinen Verschlags standen ihr die Worte vor Augen, die Douglas und sie gemeinsam für ihre Trauung ausgewählt hatten. Wenn sie nur diese Liebe besäße. Eine Liebe, die nie aufhörte.

Sie senkte den Kopf. Ihre Tränen tropften auf das Programmheft. „Hilf mir, Gott", flüsterte sie. „Zeig mir, was ich tun soll. Füll diese Leere in mir."

Drei Worte drangen in ihr Bewusstsein: *Ich liebe dich.*

Sie lauschte, hörte aber nichts mehr. Doch, da. Wieder diese drei Worte.

Ich liebe dich.

Was für schöne und reine Worte. War das Gott? Jesus? Seine Liebe war unendlich groß. Schön. Rein. Die Vorstellung, dass er sie liebte, ließ ihre wild kreisenden Gedanken und Gefühle zur Ruhe kommen.

Ich liebe dich.

Vielleicht konnte nur jemand wirklich lieben, der sich selbst geliebt wusste.

Und auf einmal breitete sich dort, in dem kleinen Verschlag in der alten, halb vergessenen Kapelle hinten im Garten, eine tiefe Ruhe in ihr aus. Die Schönheit der Rosen, das Zwitschern der

Vögel, der blaue Himmel draußen. Das alles waren Zeichen der Liebe.
Gott liebt mich.
Dieser Gedanke war verlockend und beinahe zu schön, um wahr zu sein.
Woher weiß ich das?

Erinnerungen stiegen in ihr hoch. An damals, als sie sich einsam gefühlt hatte, nachdem ihr Vater wieder einmal nach Deutschland abgereist war. Sie hatte auf der hinteren Veranda gesessen und den blühenden Hartriegel betrachtet, als ein Windstoß die weißen Blütenblätter wie einen Schneesturm um sie herumtanzen ließ. Es war wunderschön gewesen, wie ein kleines, liebevolles Augenzwinkern vom Himmel, und hatte sie in ihrer Einsamkeit getröstet. *Ich bin da*, schien Gott zu ihr zu sagen. *Ich sehe dich, und ich kümmere mich um dich.*

„Danke, Jesus", sagte sie, als sie sich jetzt daran erinnerte.

Und da war die Muschel, die sie an ihrem sechsten Geburtstag am Strand gefunden hatte. Ihr Vater war in Afghanistan und konnte nicht bei ihr sein. Er hatte sie angerufen und ihr Geschenke und eine Party versprochen, wenn er im kommenden Monat nach Hause käme. Aber er fehlte ihr jetzt, und sie war traurig gewesen. Weinend war sie aus dem Haus zum Strand hinuntergelaufen, wo sie ihre Tränen fließen lassen konnte, ohne dass die Haushälterin sofort versuchte, sie zu trösten.

Da hatte sie die Muschel gefunden. Eine riesengroße Muschel mit braunen und goldenen Streifen, in ihrem Inneren blassrosa. Wunderschön und ganz makellos. Schon immer hatte sie so eine Muschel haben wollen. Sie hatte sie aufgehoben, und die Tränen waren versiegt. *Das ist mein Geschenk*, hatte sie sich gesagt.

„Danke, Gott", sagte sie bei dieser Erinnerung. Auch das war ein kleines Geschenk von ihm gewesen, um sie seiner Liebe und Gegenwart zu versichern.

Sie dachte an all die Jahre, in denen ihr Vater unterwegs gewesen war. Doch ihr Vater im Himmel war die ganze Zeit an ihrer Seite gewesen, hatte sie geliebt und für sie gesorgt.

Ich liebe dich.

„Ich liebe dich auch, Jesus", sagte sie und lächelte in sich hinein. Es stimmte. Sie spürte einen tiefen Frieden in sich.

Jesus. Der Bräutigam ohne Fehl und Tadel. In seiner Gegenwart fühlte sie sich heil, geliebt und wertvoll, auch wenn es dunkel war. Weil ihr Vater im Himmel sie liebte, konnte sie auch Douglas lieben. Vielleicht war es wirklich so einfach. Die Liebe des Bräutigams konnte ihr helfen, ihren Bräutigam zu lieben.

Jetzt war sie bereit, wirklich bereit.

Aber wie sollte sie bloß aus dieser Kammer herauskommen? Womit könnte sie genug Lärm machen, dass man sie bemerkte?

Im Ferienlager hatte sie gelernt, auf den Fingern zu pfeifen. Ohne sich große Hoffnungen zu machen, steckte sie beide Finger in den Mund und pfiff. Der schrille Ton zerriss die Luft. Sie pfiff erneut. Und noch einmal.

Dann wartete sie. Keine Reaktion.

Fehlgeschlagen. Sie würde vermutlich akzeptieren müssen, dass sie hier nicht so schnell herauskommen würde. Kurz stellte sie sich selbst als Skelett in einem verfallenen Kleid vor und musste lachen, obwohl die Situation wirklich nicht zum Lachen war. Aber Gott war bei ihr und liebte sie. Das musste erstmal genügen.

Was war nur mit dem Hund los?

„Schsch!", flüsterte Walter, aber Petey hörte nicht auf zu winseln.

Walter hielt ihn am Halsband fest, doch der Hund schien irgendetwas zu spüren und wollte sich aus seinem Griff befreien. Petey hatte ein hervorragendes Gehör, und wenn er erst eine Fährte aufgenommen hatte, gab es für ihn kein Halten mehr. Einmal hatte er ein Eichhörnchen erschnuppert und war ihm kilometerweit hinterhergejagt, ehe Walter ihn wieder einfangen konnte.

Petey hatte jetzt genug und begann laut zu bellen.

Die Hochzeitsgäste drehten sich um und blickten zur Empore hoch. Mit einem kräftigen Ruck befreite sich Petey aus Walters Griff, und die Gäste beobachteten entgeistert, wie er über die Bänke auf der Empore sprang und die Treppe hinunterjagte. Walter eilte ihm nach. Fassungslos blickten sich die Gäste an und begannen über die seltsamen Vorgänge auf der Empore zu tuscheln.

Petey flitzte die Treppe ins Vestibül hinunter, Walter dicht auf seinen Fersen. Sie kamen an den verblüfften Brautjungfern vorbei und jagten um die Ecke und durch den Flur.

Die Hochzeitsplanerin blinzelte kurz und folgte ihnen dann. Vor der Tür zum Garten begann Petey wieder wie wild zu bellen und zu kratzen. Walter stieß die Tür auf und folgte dem Hund, der zielstrebig durch den Garten rannte.

Die Hochzeitsplanerin blieb ihnen auf den Fersen. Lindy im Vestibül raffte den Rock ihres Kleides und beteiligte sich an der Jagd. Irgendetwas Spannendes passierte hier, und sie wollte das auf keinen Fall verpassen. Vielleicht brauchte Julia sie.

Petey bellte jetzt immer lauter, während er zu der alten Kapelle auf dem hinteren Teil des Grundstücks rannte. Walter und die Hochzeitsplanerin hatten Mühe hinterherzukommen.

Dies war wirklich die eigenartigste Hochzeit, die Pastor Higgins in seiner langen Amtszeit je erlebt hatte. Zuerst die Verspätung der Braut, jetzt der Hund und der Mann auf der Empore. Mit ruhiger Stimme flüsterte er dem Bräutigam und den Trauzeugen zu, sie sollten bleiben, wo sie waren. Er würde gehen und nachschauen, was los sei. Durch die Hintertür verließ er die Kirche und folgte dem bellenden Hund.

Petey schob sich durch die Tür der Kapelle und lief auf direktem Weg zu der Kammertür. Seine Mission war erfüllt, und das wollte er allen kundtun. Er bellte wie verrückt und kratzte an der Tür.

Julia hörte etwas. Die Orgelmusik drang noch immer schwach zu ihr herüber, doch da war noch etwas anderes. Ein Hund bellte. Da, jetzt wieder. Befand sich etwa ein Hund in der Kirche?

Wieder das Bellen, dieses Mal lauter.

Julia pfiff erneut auf den Fingern. Mit neu belebter Kraft trommelte sie gegen die Tür und pfiff immer wieder. Bellen, dann Schritte. Neue Hoffnung.

Bäng. Bäng. Bäng.

„Ist jemand da drin?", fragte eine fremde Stimme.

„Ja, ich! Ich bin eingeschlossen. Der Türknauf lässt sich nicht drehen. Können Sie mir helfen?"

Walter schnappte sich einen herumliegenden Schraubenzieher und machte sich an dem Mechanismus des alten Schlosses zu schaffen. Klack! Die Tür flog auf. Licht strömte in den dunklen Verschlag.

Julia blickte in das Gesicht des obdachlosen Mannes, den sie in der Nähe der Kirche schon häufiger gesehen hatte. Sie beugte sich vor, berührte seine Schulter und streichelte seinen Hund.

„Danke!", rief sie. „Guter Junge."

Die Hochzeitsplanerin stürmte herein. „Julia! Alles in Ordnung?"

Julia atmete tief durch und klopfte ihr Kleid ab. Dies war ihr Hochzeitstag – der Tag, von dem sie immer geträumt hatte. Und jetzt war wirklich alles in Ordnung.

Ich liebe dich. Die Worte ihres himmlischen Vaters hingen noch in der Luft, umgaben sie mit Hoffnung und Segen über ihrem Leben und der Zusicherung einer nie endenden Liebe.

„Ja. Alles in Ordnung."

Die Hochzeitsplanerin lächelte. „Dann lass uns schnell gehen. Da wartet eine Hochzeit auf uns."

Julia raffte ihren Rock und eilte zur Tür. Unvermittelt blieb sie stehen und wandte sich noch einmal um. Walter und Petey standen nebeneinander, und Walter hielt noch immer den Schraubenzieher in der Hand. „Ich würde mich freuen, wenn Sie zu meiner Hochzeit kommen würden ... Sie beide!"

Walter lächelte. Zum ersten Mal würde er eine Hochzeit als Gast miterleben. Und Petey auch. Sie folgten Julia aus der Kapelle.

Lindy stieß auf halbem Weg zur Kirche zu ihnen. Sie schnappte sich den Saum von Julias Kleid und hob ihn an. Das erleichterte ihr das Gehen. Später hätten sie noch genug Zeit zum Erzählen. Im Augenblick mussten sie zusehen, dass Julia schnellstmöglich in die Kirche kam.

Pastor Higgins wartete an der Tür auf sie. „Gibt es doch noch eine Hochzeit?", fragte er.

„Oh ja!", erwiderte Julia.

„Dann sehen wir uns am Altar." Er eilte zurück.

Der General wartete im Vestibül auf sie. „Papa!"

„Hier, Liebes." Ihr Vater bot ihr seinen Arm. Sein Lächeln strahlte Stärke und Sicherheit aus, und er drückte ihr einen Kuss auf die Stirn, als würde er sie segnen.

Die Hochzeitsplanerin trat in Aktion. Sie ließ ihre Hand über dem Kopf kreisen wie ein Lasso, um die Aufmerksamkeit des Organisten auf sich zu lenken. Der Organist bemerkte sie und hielt inne, dann stimmte er endlich die Einzugsmusik der Brautjungfern an.

Lindy eilte an ihren Platz. Nacheinander schritten die Brautjungfern durch den Mittelgang und nahmen ihre Plätze vor dem Altar ein.

Die Hochzeitsplanerin richtete Julias Kleid, tupfte noch etwas Puder auf ihr Gesicht und klopfte ein letztes bisschen Staub von ihrem Schleier.

„Perfekt", verkündete sie.

Gemeinsam traten Julia und ihr Vater ins Kirchenschiff. Die Schönheit des Gebäudes überwältigte sie und erfüllte sie mit einer tiefen Freude. Sie war sich ihrer Liebe zu Douglas so sicher, dass sie es kaum erwarten konnte, seine Frau zu werden. Die Musik brandete durch das Kirchenschiff wie eine Welle.

Es folgten nur eine Sekunde oder zwei der Stille, bevor der Hochzeitsmarsch angestimmt wurde. Die Hochzeitsgäste erhoben sich, und ihr Vater setzte sich in Bewegung.

Während sie durch den Mittelgang schritten, lächelten die Hochzeitsgäste sie an. In den Bänken saßen liebe Menschen, die gekommen waren, um sich mit ihr und Douglas zu freuen. Freunde. Familienangehörige. Kollegen. Und vorne stand ihr Pastor, Jeremy Higgins, der sie voller Liebe und Freundlichkeit anblickte. An diesem Ort war Liebe zu finden – keine vollkommene, aber reale und schöne Liebe.

Und da stand er. Douglas. Der Ausdruck in seinen Augen, als er sie sah, sagte alles. Er liebte sie. Sie liebte ihn. Er war geduldig und freundlich und besaß auch alle anderen Eigenschaften der Liebe, die im Programmheft abgedruckt standen. Ja, auch er war nicht perfekt, das wusste sie. Niemand auf dieser Erde konnte mit einer vollkommenen Liebe lieben. Nur einer war dazu in der Lage. Nur einer liebte sie mehr als Douglas. Nur einer machte ihre Liebe zu Douglas möglich. Jesus.

Der Arm ihres Vaters gab ihr Halt. Er hatte immer für sie gesorgt, und jetzt würde sie sich auf Douglas und auf Jesus verlassen. Vor dem Altar blieben sie stehen und hielten einen Augenblick inne, bevor Douglas ihre Hand ergriff. Sie trat neben ihn, nahm die Liebe an, die er ihr anbot.

Die Liebe hört nie auf. Menschliche Liebe mochte fehlerhaft und schwach sein, aber seine Liebe war stark. *Unsere Liebe trägt vielleicht nicht durch die Jahre, aber seine Liebe wird ewig andauern. Wenn wir beide uns mit seiner Liebe beschenken lassen, kann unsere Liebe gelingen.*

Sie trat an die Seite ihres Bräutigams, bereit, seine Frau zu werden.

Epilog

Der Empfang

„Und jetzt präsentiere ich Ihnen Mr und Mrs Douglas Greene", verkündete der Moderator.

Das frisch gebackene Ehepaar stand händchenhaltend an der Tür des Festsaals, wo ihre Freunde und ihre Familien bereits auf sie warteten. Unter tosendem Beifall und Jubelrufen betraten Julia und Douglas den Saal.

Er war gut gefüllt. Schneeweiße Leinentischdecken und Blumengestecke mit weißen Hortensien schmückten die Tische. Die Büfetttische bogen sich unter der Last der Früchte und der süßen und herzhaften Leckereien, und die Hochzeitstorte thronte natürlich auf einem eigenen Tisch.

„Es ist wie in einem Traum", sagte Julia.

„Aber es ist real", lächelte Douglas.

„Danke, dass du auf mich gewartet hast."

„Ich hätte ewig gewartet."

Der Fotograf schoss seine Fotos. Die Hochzeitsplanerin hielt sich in ihrer Nähe und wies ihnen schließlich ihren Platz am Haupttisch zu. Familienangehörige und Freunde drängten sich um sie, um ihnen zu gratulieren oder die Braut zu küssen.

Aber für Julia gab es nur Douglas. Und für Douglas gab es nur Julia.

Die Trauung war vorbei, ihre Ehe hatte begonnen.

Der DJ legte den ersten Song für den ersten Tanz auf. Der

General trat vor und ergriff die Hand seiner Tochter. Seine Linke legte er an ihren Rücken, und gemeinsam begannen sie zu tanzen. Er führte sie sicher. Ein Schritt vor. Ein Schritt nach rechts. Ein Schritt zurück. Ein Schritt nach links.

Die Musik erfüllte den Festsaal, und auf einmal hatte er das Gefühl, dass er diesen Tanz beherrschte. Er machte eine Drehung, dann noch eine. Er glitt nach links und rechts und sie folgte anmutig seiner Führung. Dann machte er einen Ausfallschritt, und Julia begann laut zu lachen.

„Papa, du hast heimlich geübt!"

„Nur ein klein wenig", gestand er und wiederholte die Figur.

Zwei Mal schwebten sie noch über den Tanzboden, dann sagte der General: „Bereit für die letzte Drehung?"

„Ja, Papa. Wenn du es bist."

Die so gefürchtete Drehung stand bevor. Das Loslassen. Aber jetzt erschien es ihm machbar und richtig. Er sah Douglas am Rand der Tanzfläche stehen. Wenn Julia sich von ihm wegbewegte, würde er für sie da sein. Von jetzt an würde ihr Mann an ihrer Seite sein.

Er nahm seine Führungshand von ihrem Rücken. Seine Finger lösten sich von ihren. Sein Arm wirbelte sie in die richtige Richtung, und sie schwebte von ihm fort. Es war ein besonderer Augenblick. Fasziniert beobachtete er, wie sie sich von ihm wegdrehte.

Douglas ergriff ihre Hand und zog sie an sich. Der General winkte und verneigte sich vor dem frisch gebackenen Ehepaar. Seine Aufgabe war vollbracht. Er hatte sein Bestes getan und es war gut geworden. Voller Freude lächelte er. Auf zum nächsten Einsatz. Und vielleicht würde er ja Miss Genevieve einmal anrufen und weitere Tanzstunden vereinbaren.

Auf der anderen Seite des Festsaals umringte eine Kinderschar einen Mann. Das Blumenmädchen in seinem weißen Kleidchen lachte laut auf und klatschte fröhlich in die Hände. Die Kinder jubelten. Frank lächelte. Die Zuwendung, die sie ihm schenkten, war real, nicht vorgetäuscht.

Bald würde die Zaubershow des Großen Marvelo hier am Ort beginnen, von der er in der Zeitung gelesen hatte. Franks Vater würde einen falschen Blumenstrauß aus seinem Ärmel ziehen. Frank war froh, dass er nicht hingefahren war. Dies hier war der Ort, an dem er sein wollte.

„Mach es noch mal", rief das kleine Mädchen.

Frank hob seine Hand, und auf einmal fing er eine Geldmünze aus der Luft. „Tadaaaa."

Er griff zu dem kleinen Jungen neben ihm hinüber und holte eine weitere Münze aus seinem Ohr. „Tadaaa."

Der Junge lachte. „Ooooh! Zeig mir, wie das geht!", forderte er. „Ich will das auch können."

Frank hockte sich vor ihn und zeigte dem Kind, wie und wo er die Münze versteckte. Er hielt den Vierteldollar hinter seiner Hand verborgen und schnippte ihn dann nach vorn. Der Junge versuchte es. Die Münze fiel zu Boden, und er hob sie wieder auf.

„Tadaaaa", verkündete er, und Frank zeigte ihm den hochgereckten Daumen.

„Gut gemacht."

Der Junge strahlte, und die anderen Kinder klatschten. Frank lächelte. Er brauchte die Gemeinheiten seines Vaters nicht zu wiederholen. Es gab einen besseren Weg. Er konnte freundlich sein. Ein ganzes Leben voller Freundlichkeit lag vor ihm, und er war bereit.

Lindy und Randy schwebten über die Tanzfläche.

„Dieses Kleid – also, ich weiß nicht", neckte er sie.

„Du meinst die Farbe? Ach, das ist schon in Ordnung. Ich bin nur froh, dass alles doch noch gut ausgegangen ist."

„Ja, das stimmt. Wir haben ziemlich lange da vorn gewartet. Ich muss zugeben, ich habe mir Sorgen gemacht."

Gemeinsam gingen sie zu einem Tisch. „Ich hole dir etwas zu essen", sagte er. „Setz dich."

„Ich warte ganz bestimmt auf dich", sagte Lindy und ließ sich auf einem Stuhl nieder.

Ihr Blick wanderte über die Hochzeitsgesellschaft. Viele Freunde waren da. Sie kannte die meisten der Gäste, und sie nahm sich vor, sich mit einigen von denen zu unterhalten, die sie nur flüchtig kannte. Dann entdeckte sie Pastor Higgins. Er hatte immer ein ermutigendes Wort für sie. Sie nahm sich vor, sich einmal bei ihm dafür zu bedanken. Ihr Blick blieb an den Büfetttischen hängen. Was für ein Segen, dass sie so viele köstliche Speisen genießen konnten!

Auf der anderen Seite des Saales entdeckte sie Douglas, der Julia gerade zärtlich im Arm hielt. Sie merkte, wie sehr sie sich für Julia freute. Kein Neid mehr. Sie liebte ihre Freundin und war dankbar, diesen ganz besonderen Tag mit ihr erleben zu können.

Mit ihrem neuen Ansatz, sich auf das Gute in ihrem Leben zu konzentrieren, fühlte sie sich reich beschenkt.

Randy kehrte mit zwei hoch beladenen Tellern zurück.

„Vielen Dank", sagte sie aus tiefstem Herzen.

Roger und Rachel saßen schweigend an einem Tisch.

„An der Universität ist in letzter Zeit einiges in Bewegung", bemerkte er.

„Ja, bestimmt nehmen die Pläne für die Zusammenlegung allmählich Gestalt an."

„Ja, und … und …"

Rachel wandte sich ihm zu. „Was ist los, Roger? Irgendetwas stimmt doch nicht."

„Nun, Mitchell hat mich in der vergangenen Woche angerufen. Wenn die Zusammenlegung abgeschlossen ist, werde ich nicht mehr gebraucht."

Sie ergriff seine Hand. „Das tut mir so leid, Roger."

„Diese Sache beschäftigt mich wirklich. Aber da ist noch etwas anderes. Ich … mich haben in letzter Zeit Träume von einem Pferd verfolgt, und …"

„Roger, ich weiß, dass du für Glaubensdinge nichts übrig hast, aber –"

„Das ist es ja. Ich weiß nicht, was vorhin in der Kirche geschehen ist, aber ich denke, ich … ich habe mich geirrt. Ich glaube, Jesus ist real. Ich kann kaum glauben, dass ich das sage."

Sie lachte überrascht. „Ich auch nicht."

„Ich muss dir so vieles erklären. Und so viele Fragen gehen mir durch den Kopf. Und ich würde auch gern mit Pastor Higgins sprechen."

Rachel ergriff seine Hand. „Roger, das ist wunderbar. Ich will alles darüber hören! Und du weißt doch, du definierst dich nicht über deine Arbeit."

Er küsste ihre Hand. „Danke. Das hatte ich vergessen."

Snowy schlüpfte aus dem Saal in den Flur, um zu telefonieren. Drei Mal musste sie es versuchen, bis ihre zitternden Finger endlich die richtige Nummer eingegeben hatten. Als es am anderen Ende der Leitung tutete, gab es kein Zurück mehr.

„Hallo?"

Die Stimme am Telefon klang wie ihre eigene. Beinahe hätte sie wieder aufgelegt. „Marlene?"

„Ja?"

„Hier ist Snowy. Ich habe deinen Brief bekommen."

Es folgte eine kurze Stille, dann ein Freudenschrei am anderen Ende der Leitung. Marlenes Begeisterung war durch das Telefon hindurch zu spüren. Sie lachte und redete in einem fort und erklärte, sie freue sich so sehr; sie hätte wirklich nichts von Snowys Existenz gewusst und es sei so wunderbar, eine Schwester zu haben.

„Ich muss zugeben", gestand Snowy, „ich hatte Angst vor dem Anruf."

„Und ich", sagte Marlene, „hatte Angst, den Brief abzuschicken."

„Im Augenblick bin ich auf einer Feier, aber ich melde mich heute Abend noch mal, wenn das in Ordnung ist."

„Das ist mehr als in Ordnung ... Schwester."

Das Wort verblüffte sie. Es war also wirklich wahr! „Danke ... Schwester", erwiderte sie.

Und plötzlich hatte sie eine Schwester, aus heiterem Himmel.

Die Hochzeitsplanerin winkte ihr von der Tür aus zu. „Kommen Sie, Snowy, es ist gleich so weit."

Snowy eilte zurück in den Festsaal und trat vor die Hochzeitstorte mit den rosa Rosen. Sie freute sich auf diesen Augenblick.

Bald würde die Torte angeschnitten werden, und zu seiner Zeit würde alles offenbar.

Als der DJ eine Pause machte, stellten sich auf Julias Bitte hin die *Four Jubilees* vorne auf. Joy hatte gelächelt, als die Bitte an sie herangetragen wurde.

„Welches Lied singen wir?", wollte Patty wissen.

„Das wirst du schon merken." Joy gab den Ton auf ihrer Stimmflöte an und lächelte die anderen an.

„*Papa, nimm meine Hand*", begann sie.

Die Jubilees stimmten ein. „*Mama nimmt die andere, sie ergreift die nächste, und so bilden wir einen Kreis der Liebe.*" Die Hochzeitsgäste begannen zu klatschen, und die *Four Jubilees* bewegten sich im Takt nach rechts und links.

„Der Kreis der Liebe.
Kreis der Liebe.
Der unsere Familie hält,
Liebe von oben,
Hände halten Hände,
über die Entfernung hinweg
bilden sie den Kreis der Liebe."

Die Gäste stimmten in den Refrain ein, und am Ende des Liedes fassten sich die *Jubilees* an den Händen und verbeugten sich.

Cynthia klatschte ebenfalls, als die *Jubilees* ihren Vortrag beendeten. Nach einem schwierigen Start war die Hochzeit reibungslos gelaufen und der Empfang nun ebenfalls. Erleichtert atmete sie auf. Das war eine Hochzeit, wie sie sie noch nie erlebt hatte. Sie hatte viel gelernt; nicht nur über die Liebe, auch über sich selbst.

Gott hatte ihren Zorn aufgedeckt, und sie hatte gebetet. Sie hatte tatsächlich gebetet. Und er hatte ihr einen Weg hinaus gezeigt.

Nachdem der Zorn nun nicht mehr alles rot einfärbte, blickte sie sich im Festsaal um. Ihre Arbeit war getan, das Eheversprechen war gegeben. Die Kirche war wunderbar geschmückt gewesen und die Musik feierlich. Die Torte stand bereit. Der Tanz von Vater und Tochter war ein voller Erfolg gewesen, und der

Fotograf tat seine Arbeit und fing die besonderen Momente ein. Sie liebte das alles. Darum arbeitete sie als Hochzeitsplanerin. Sie hatte dazu beigetragen, dass das Brautpaar einen einzigartigen Tag erlebte.

Jetzt war sie entschlossen, den nächsten Schritt zu tun und dem Zorn noch mehr Boden zu entziehen. Sie würde auf andere zugehen, ihnen helfen und ihnen ihre Liebe zeigen. Ihr Entschluss, ein Mensch der Liebe zu werden und nicht des Zorns, stand fest.

Cynthia straffte die Schultern und mischte sich unter die Hochzeitsgäste. Eine Hochzeit zu planen war wirklich die schönste Aufgabe, die es gab.

Gertie und Sam schwebten über den Tanzboden. Links, rechts, links, rechts. Seit vielen Jahren beherrschen sie diesen Tanz.

„Ich fasse es nicht, dass du es tatsächlich in Erwägung ziehst", sagte Sam.

„Natürlich tue ich das. Weißt du noch, wie viel Spaß wir in den Nationalparks hatten? Einige haben wir noch nicht gesehen. Und so viele andere Orte. Wie wäre es mit Kanada im Sommer? Dort ist es bestimmt wunderschön. Und Maine im Herbst. Ohhh … das wird herrlich!"

„In der Nähe gibt es eine Firma, die Wohnmobile vermietet. Vielleicht könnten wir diese Woche einmal dort vorbeischauen."

„Ja, das klingt gut", erwiderte sie und umarmte ihn. Sie dachte kurz nach. „Wir sollten eine Liste machen von den Orten, die wir uns anschauen wollen."

„Eine Liste?" Sam lächelte. „Ich dachte, du magst Listen nicht."

„Wir machen die Liste zusammen", erklärte Gertie.

„Ja."

Gertie rückte beim Tanzen näher an ihn heran. „Erstens: Glacier National Park", schlug sie leise vor.

„Zweitens: Yosemite", fügte Sam hinzu.
„Yellowstone."
„Mount Rushmore."
„Die Grand Tetons."
Die Liste wurde immer länger, während sie sich dem Tanz hingaben. Links, rechts, links, rechts. Im Einklang miteinander.

Joseph und Margaret standen nebeneinander und beobachteten die tanzenden Gäste. Sie hatten sich ausgesprochen, und Joseph hatte ihr alles erzählt. Jetzt war der Augenblick der Wahrheit gekommen.

Von der anderen Seite des Festsaals blickte Thomas zu ihnen herüber. Joseph sah, dass er sie erkannt hatte. „Jetzt geht es los. Er kommt her", flüsterte er.

Margaret ergriff seine Hand so fest, dass es wehtat, doch das machte ihm nichts aus. Dass sie zu ihm stand, bedeutete ihm unendlich viel. Schon viel zu lange hatte er eine Lüge gelebt.

Thomas drängte sich durch die Hochzeitsgäste zu ihnen. Joseph war bereit. Thomas streckte die Hand aus und rief: „Joseph!"

„Äh, schön, dich zu sehen", sagte Joseph und schüttelte Thomas' Hand.

Thomas schien sich aufrichtig über die Begegnung zu freuen. Er schlug ihm freundschaftlich auf den Rücken und umarmte Margaret. Er wusste absolut gar nichts von dem Geld, das merkte Joseph sofort. In gewisser Weise war es eine Erleichterung. Aber er konnte nicht mehr länger mit der Lüge leben; das war ihm bewusst. Er musste die Wahrheit sagen.

„Thomas?"

„Ja?"

„Können wir uns morgen auf eine Tasse Kaffee treffen? Es gibt da etwas, über das ich mit dir reden möchte."

„Natürlich", erwiderte Thomas. „Ich übernachte noch hier, daher können wir uns morgen früh treffen. Geht das bei dir?"

„Gut", antwortete Joseph. Und das meinte er auch so. Was immer nötig war, um das Unrecht wiedergutzumachen, das er getan hatte ... er würde es machen. Eine Gefängnisstrafe eingeschlossen. Und irgendwie würde er anfangen, das Geld zurückzuzahlen.

Thomas ging weiter, doch Margaret blieb bei Joseph und hielt seine Hand.

Walter balancierte einen Teller voll kleinen Würstchen und Mini-Sandwiches in der Hand. Er war zu dem Empfang eingeladen worden, und Petey auch! Der Hund schlabberte Wasser aus einer Silberschale, und Walter gab ihm noch ein kleines Würstchen.

Die Braut war so dankbar gewesen, dass er sie gefunden hatte. Er war ein Held, oder nein, besser: Petey war der Held.

Braut und Bräutigam traten an den kleinen Tisch, auf dem die dreistöckige Hochzeitstorte wartete. Noch nie hatte Walter eine so wundervolle Torte gesehen. Und das Beste war: Er würde ein Stück davon abbekommen. Ein großes Stück, hoffte er. Er hatte jedes Recht, hier zu sein, denn er war geladener Gast.

Eine Frau mit weißblonden Haaren stand mit einem Tortenschneider neben dem Tisch. Sie reichte Julia und Douglas das Messer. Gemeinsam schnitt das Brautpaar die Torte an. Blitzlichter flammten auf.

Die Füllung bestand aus dunkler Schokolade! Walters Lieblingskuchen.

Die Braut fütterte den Bräutigam mit einem Stück Torte und dann der Bräutigam die Braut. Die Weißblonde trat vor und schnitt große Stücke von der Torte für die Gäste ab.

Julia nahm den ersten Teller und brachte ihn zu Walter. „Noch mal vielen Dank", sagte sie.

„Gern geschehen." Er nahm den Teller entgegen und begutachtete die Torte. Sie war locker und saftig, mit dunkler Schokolade innen und einem weißen, sahnigen Guss außen, genau wie er es liebte.

Pastor Higgins legte eine Hand auf seine Schulter. „Was für ein Tag", sagte er.

„Allerdings", erwiderte Walter.

„Wissen Sie, Walter", begann Pastor Higgins. „Sie und Petey sind hier jederzeit willkommen." Und er bückte sich und streichelte Petey den Kopf. „Er ist ein guter Hund."

Der Pastor mischte sich wieder unter die Gäste, und Walter bückte sich, um mit seinem besten Freund zu reden. „Heute sind wir mal dabei, Petey."

Petey gab nur ein leises Fiepen von sich und wedelte mit dem Schwanz. Dann stürmte er zum Fenster und jaulte erneut.

„Was ist denn draußen los?", fragte Walter. Er spähte aus dem Fenster und entdeckte eine Katze draußen im Garten.

Donna hielt Mr Darcy auf dem Arm. „Ich weiß ja, dass du ihn nicht besonders magst ..."

Richard hob die Hand. Sie waren draußen im Garten, und er ging auf ein Knie hinunter. Aus der Tasche holte er ein schmales, mit Steinen besetztes Katzenhalsband. Natürlich waren es keine echten Diamanten wie auf dem Verlobungsring, aber es funkelte trotzdem in seiner Hand.

„Mr Darcy", fragte er grinsend, „willst du mein Kater werden?"

„Miau."

Donna lachte, und Tränen liefen ihr über die Wangen. „Ich glaube, er hat Ja gesagt."

Richard beugte sich vor und legte dem Kater das Halsband um. Anschließend nahm er Donnas Gesicht zwischen seine Hände. „Ich habe dich noch gar nicht offiziell gefragt", sagte er und blickte ihr tief in die Augen. „Willst du meine Frau werden?"

„Ja", antwortete sie. Als sie sich umarmten, sprang Mr Darcy von ihrem Arm und verschwand im grünen Gras des Gartens.

Pastor Jeremy Higgins stand am Rand der Feier und beobachtete die Hochzeitsgäste. Paare tanzten miteinander, Freunde brachten Toasts auf Braut und Bräutigam aus. In diesem Augenblick schien alles gut zu sein, und mit dem Fuß klopfte er den Takt mit. Schon lange hatte er nicht mehr getanzt. Früher einmal war er ein recht guter Tänzer gewesen.

Auf der anderen Seite des Festsaals entdeckte er Lilly, die nüchterne, die direkte Lilly. Ihr Kleid war ziemlich tief ausgeschnitten. Sie wäre sicher nicht abgeneigt, ihn vom Kuchen naschen zu lassen, auch ohne die Verpflichtungen einer Ehe. Aber tief in seinem Innern wusste er, dass er sich dazu nie überwinden könnte.

Blieben noch Harriet und Carla.

Harriet saß mit ihren Freunden aus dem Country Club an einem Tisch. Sie schienen sich prächtig zu amüsieren und lachten miteinander. Sie hätte ihm Wohlstand und Bequemlichkeit zu bieten. Das war nicht unattraktiv; schließlich wurde er auch nicht jünger. Vielleicht sollte er langsam etwas kürzer treten. Er könnte in den Ruhestand gehen und sich an dem freuen, was er geleistet hatte. Und er könnte endlich sein Buch schreiben. Ach, das wollte er schon so lange. Nach 25 Jahren als Pastor hatte er einiges zu sagen. Der Gedanke, mit Harriet zu leben, war verlockend.

Und dann war da noch Carla, die sich gerade mit Braut und Bräutigam unterhielt. Sie umarmte Julia, und ihr Gesicht leuchtete vor aufrichtiger Freude. Sie war freundlich und warmherzig, genau wie Jennifer es gewesen war, und liebte andere Menschen. Sie legte nicht viel Wert auf schicke Kleidung, und es war ihr egal, dass sie ihr Kleid bereits bei der letzten Hochzeit getragen hatte. Es war ihr Lächeln, das ihn für sie einnahm. Und sie kannten einander so gut. Jennifer und er waren sehr eng mit Carla und Ken befreundet gewesen. Carla und er würden sicher gut miteinander auskommen, ohne Überraschungen und mit viel Vertrautheit. Aber wollte er das?

Jeremy ließ seinen Blick noch einmal durch den Saal wandern, und plötzlich wusste er, welche Frau er wollte.

Die Band stimmte ein neues Stück an, etwas langsamer als das vorherige, genau die Art Musik, die er liebte. Viele Gäste erhoben sich und strebten zur Tanzfläche. Jeremy suchte den Saal nach ihr ab, aber da so viel Bewegung entstanden war, hatte er sie aus dem Blick verloren – die Frau, mit der er lieber tanzen wollte als mit jeder anderen.

Sie musste hier irgendwo stecken, aber wo? Er reckte den Hals, und dann entdeckte er sie. Sie half gerade einer Frau bei ihrem Eintrag ins Gästebuch. Das war so typisch für sie. Sie war immer freundlich und auf das Wohl anderer bedacht.

Jeremy durchquerte den Saal und sprach sie an. Sie schien überrascht, ihn zu sehen.

„Hallo. Hast du deine Entscheidung getroffen?", fragte sie.

„Ja." Er nickte. „Ich fand, du sollst es als Erste erfahren."

„Wer ist es?", fragte sie.

Er streckte ihr die Hand hin. „Du. Möchtest du tanzen?"

Holly begann zu strahlen, wie er es noch nie bei ihr gesehen hatte, und er wusste, es war die goldrichtige Entscheidung gewesen. 25 Jahre war sie seine rechte Hand gewesen. 25 Jahre hatte sie ihm und der Kirche treu gedient. Und jetzt war es vielleicht an der Zeit für etwas mehr.

„Danke, Jennifer", flüsterte er ganz leise, als er Holly zur Tanzfläche führte.

Douglas drückte Julia fest an sich, während sie langsam über die Tanzfläche schwebten. Die Feier würde bald vorüber sein. Begleitet von guten Wünschen und einer Reisdusche würden sie in ihr neues, gemeinsames Leben aufbrechen.

Ihr Kopf lag an seiner Schulter. Er würde sie nie mehr loslassen. Der Tag hatte seine Schwierigkeiten gehabt, aber das Ende war perfekt. Die Sonne ging langsam unter, und der Horizont färbte sich rosa.

Er hätte sie nicht mehr lieben können als in diesem Augenblick. „Ich liebe dich", flüsterte er ihr ins Ohr.

Sie blickte lächelnd zu ihm auf. „Ich liebe dich auch."

Und der ewige Bräutigam lächelte vom Himmel herab.

Ein bewegender Roman zum Vaterunser

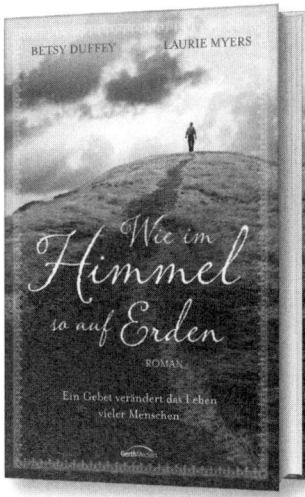

„Eine zutiefst berührende Geschichte über die Kraft des Gebets. Die perfekte Lektüre für alle, die gute Unterhaltung mit geistlichem Tiefgang lieben."

Monika Schutte,
Francke Buchhandlung, Marburg

Ein Alptraum, den niemand erleben möchte: Bei einem Grubenunglück wird der Minenarbeiter Manny mit einigen seiner Kollegen unter Tonnen von Gestein in einer winzigen Höhle eingeschlossen. Tagelang müssen die Männer in völliger Dunkelheit ausharren. Als endlich ein Mikrofon durch einen kleinen Schacht heruntergelassen wird, hören unzählige Menschen zu, wie Manny in seiner verzweifelten Lage das Vaterunser spricht. Ein packender Roman, der zeigt, welche Kraft in den Worten der Bibel steckt.

 Duffey / Myers • Wie im Himmel, so auf Erden
Gebunden • 224 Seiten • ISBN 978-3-95734-124-2

Der Verlag weist ausdrücklich darauf hin, dass im Text enthaltene externe Links vom Verlag nur bis zum Zeitpunkt der Buchveröffentlichung eingesehen werden konnten. Auf spätere Veränderungen hat der Verlag keinerlei Einfluss. Eine Haftung des Verlags ist daher ausgeschlossen.

Originally published in English under the title „Love never fails".
All rights reserved.
Copyright © 2017 by Betsy Duffey and Laurie Myers
The authors are represented by WordServe Literary Group, www.wordserveliterary.com
Copyright der deutschen Ausgabe © 2017 Gerth Medien GmbH,
Dillerberg 1, 35614 Asslar

1. Auflage 2017
Bestell-Nr. 817456
ISBN 978-3-95734-456-4

Umschlaggestaltung: Hanni Plato
Umschlagmotiv: © Flora Press/Belinda Anton
Satz: Vornehm Mediengestaltung GmbH, München
Druck und Verarbeitung: GGP Media GmbH, Pößneck

www.gerth.de